JUDAISMO Y CRISTIANISMO:

UN CONTRASTE

JUDAISMO Y CRISTIANISMO:

UN CONTRASTE

RABINO STUART FEDEROW

TRADUCIDO POR DR. HÉCTRON VILLALOBOS

REVISADO POR PAULA APARICIO Y ROSANNE WALTERS

JUDAISMO Y CRISTIANISMO: UN CONTRASTE

Puede hacer pedidos de libros de iUniverse en librerías o poniéndose en contacto con:

iUniverse
1663 Liberty Drive
Bloomington, IN 47403
www.iuniverse.com
844-349-9409

ISBN: 978-1-6632-2068-4 (tapa blanda)
ISBN: 978-1-6632-2069-1 (tapa dura)
ISBN: 978-1-6632-2070-7 (libro electrónico)

Library of Congress Control Number: 2021907313

Información sobre impresión disponible en la última página.

Fecha de revisión de iUniverse: 07/06/2023

TABLA DE CONTENIDO

Prefacio ix
Agradecimientos xxi
Introducción xxiii

PARTE I
Un contraste de creencias

Capítulo 1   Monoteísmo y trinidad 1
Capítulo 2   Dios no es un hombre 8
Capítulo 3   Satanás versus el diablo 12
Capítulo 4   La naturaleza de la humanidad 19
Capítulo 5   La ley judía 23
Capítulo 6   Una persona muriendo por los pecados de otra 54
Capítulo 7   La necesidad de un sacrificio de sangre 60
Capítulo 8   Dios acepta un sacrificio humano 78
Capítulo 9   El Mesías 84
Capítulo 10 La definición de un judío 114
Capítulo 11 Las "raíces judías" del cristianismo 125

PARTE II
Un contraste en la interpretación
de las Escrituras hebreas

Capítulo 12 Introducción a la interpretación 135
Capítulo 13 Técnicas de interpretación cristiana..................... 142
Capítulo 14 Los diez textos de prueba más utilizados 161
Capítulo 15 Conclusiones y preguntas................................... 213

Recursos.. 219
Bibliografía de libros en inglés..223

Dedicado a:
Marcy Powers
Libbi Federow
Peri Federow

En memoria de Lisa Ann Federow

¡Hola!

Después de estar en el Ministerio durante 29 años, ¡comencé a ver muchos problemas con la Biblia Cristiana y la Iglesia Cristiana! ¡Vi mucha idolatría en las fiestas Cristianas y comencé a tener muchas preguntas sobre la Fe Cristiana!

Cuando fui a la Universidad Bautista de Dallas, obtuve mi licenciatura y mi primera Maestría en Teología y saqué la segunda Maestría en el Seminario de Psicología de Denver. Continué en estudios de Psiquiatría y otros estudios hasta que conocí al Rabino Stuart Federow, quien ha continuado allanando el camino en nuestro viaje Espiritual. ¡Gracias, Señor Rabino, por conceder mi deseo de traducir su libro al Español! ¡Que este libro sea de bendición a muchos!

Dr. Hectron Villalobos

PREFACIO

La vi salir de su vehículo con su Biblia, después de haber entrado detrás de mí al estacionamiento de la librería. A través del espejo retrovisor, vi que miraba con una expresión tanto de desdén como de fascinación a las calcomanías judías de mi parachoques y la Estrella de David, que parece de cromo, pero que está hecha de plástico. Mantuve la puerta abierta esperando que ella me alcanzara. Me dio las gracias y, entre titubeos, me preguntó si podía hablar conmigo.

— Genial —pensé—, aquí vamos de nuevo. —Pero respondí— Claro. ¿Está todo bien?

— Por supuesto, pero vi sus calcomanías y tengo algunas preguntas sobre el judaísmo. ¿Es usted judío?

— Sí, soy judío —le dije—. ¿Le gustaría sentarse y hablar?

Encontramos unas sillas y nos sentamos. Su rostro mostraba una mezcla de emociones. Parecía emocionada, aunque algo asustada, insegura y confundida, como si estuviera en una nueva zona de la ciudad en la que sabía a dónde quería ir, pero no sabía cómo llegar allí.

— ¿En qué está pensando? —le pregunté para ayudarle a comenzar.

— Bueno, he estado leyendo mi Biblia y he hablado con algunos amigos que son personas judías, e incluso he estado leyendo algunos libros de rabinos judíos, y me surgieron algunas preguntas.

— Está bien —le dije—. Por cierto, está bien llamarnos "judíos" en lugar de "personas judías". Al fin y al cabo, no diría "una persona cristiana", simplemente diría "un cristiano"; así que solo diga "un judío" o "judíos", porque eso es lo que somos.

— ¿En serio? —dijo ella—, porque pensé que era un poco ofensivo llamarlos judíos.

— Solo es ofensivo para aquellos que piensan que hay algo malo en ser judío —le dije, y antes de que pudiera protestar diciendo que ella no creía que hubiera nada malo en ser judío, porque sus mejores amigos eran judíos, le pregunté—, ¿cuál es su primera pregunta? Pero no funcionó. Ella sonrió y rápidamente dijo:

— Quiero que sepa que yo amo a los judíos, y que todos los días rezo por el Estado de Israel —y después, simplemente todas sus preguntas se le escaparon—. Pero ¿lo que no entiendo es por qué no todos los judíos son judíos mesiánicos? Lo único que nos separa es Jesús; nosotros decimos que Jesús era el Mesías y ustedes no. ¿Qué les impide aceptarlo? He oído a rabinos judíos referirse a Jesús como un rabino, y todo el mundo habla de la tradición judeocristiana, así que, si los primeros cristianos eran judíos, y el judaísmo desembocó directamente en el cristianismo, ¿por qué hay tantos judíos, miles de años después, que todavía no lo aceptan?

— Bueno, me alegra que ame a los judíos y que apoye a Israel —le respondí—. Sin embargo, me haría más feliz si amara al judaísmo que me hace judío y apoyara mi elección del judaísmo que me mantiene judío —ante eso, su sonrisa desapareció y, en el transcurso de nuestra conversación, se fue convirtiendo en un ceño cada vez más fruncido.

De algún modo, este libro es mi respuesta a las muchas preguntas, interpretaciones superficiales y falsedades del judaísmo, reflejadas en lo que ella dijo ese día, así como mi respuesta a lo que otros me han dicho a lo largo de los años, y que parece impregnar nuestra sociedad influenciada por el cristianismo.

Toda mi vida he estado defendiendo el judaísmo frente a cristianos. He estado explicando lo que los judíos creen a los no judíos desde que estaba en la escuela primaria. Como el único judío en la escuela primaria donde crecí en Springfield, Missouri, siempre me pidieron que explicara nuestras festividades, y que trajera artículos rituales judíos para mostrar y comentar en la clase, y que respondiera a las preguntas de mis compañeros sobre qué es lo que los judíos creemos y por qué. En la escuela secundaria, fui el blanco de amigos que, para ayudar a validar sus propias creencias y preocupados por mí, intentaron convertirme al cristianismo.

Estas experiencias me llevaron a estudiar la religión comparada. Me especialicé en Estudios Religiosos en la Universidad de Brown, y fui ordenado como rabino. Escribí folletos enseñando a los judíos cómo responder ante los esfuerzos de los misioneros cristianos. Escribí el capítulo "Misioneros" para la publicación de 1997 de la Unión del Judaísmo Reformista, "Dónde nos encontramos: conciencia judía en el campus", editado por Allan L. Smith. En nombre de la maravillosa organización, Judíos para el Judaísmo, fui el anfitrión invitado semanal durante algunos años en el Chat de Judíos para el Judaísmo en América Online. Impartí un curso de 12 semanas, "Control de la misión: cómo responder a los esfuerzos de los misioneros cristianos" en el Centro de la Comunidad Judía de Houston, y también dirigí seminarios de fin de semana y clases de dos horas sobre este mismo tema. En 1997, creé un programa de entrevistas por radio en vivo, llamado *A Show Of Faith* (disponible en internet en la página web AShowOfFaith.org) con un ministro de la Iglesia Bautista del Sur y un sacerdote católico romano, que se ha transmitido semanalmente en la radio de Houston. En la actualidad, el programa se transmite semanalmente en 1070 KNTH de Houston, los domingos por la noche de 7 a 9 pm, hora central. También puede escucharse por internet en 1070KNTH.com.

Mi conversación con la mujer en la librería, y otras conversaciones similares, me llevaron a escribir este libro; sin embargo, hay muchas otras razones que hacen que este libro sea importante y útil.

En la actualidad, los mejores amigos de Israel en los Estados Unidos parecen ser la comunidad evangélica cristiana. Como dicen, "la política crea compañeros de cama extraños", y algunos miembros de la comunidad judía, para congraciarse con los nuevos compañeros de cama políticos que han encontrado con los cristianos evangélicos, eligen ignorar las diferencias entre el judaísmo y el cristianismo y enfatizar nuestras similitudes superficiales.

Con el surgimiento de los grupos misioneros cristiano que se autodenominan "judíos" mesiánicos, y el éxito de los Judíos para Jesús, las líneas entre el judaísmo y el cristianismo son cada vez más borrosas. Esta pérdida de distinción se usa para facilitar la conversión de judíos al cristianismo, ya que, si no son tan diferentes después de todo, ¿por qué debería importar si uno es creyente en una fe y no en la otra?

Los rabinos ortodoxos están escribiendo libros donde llaman a Jesús un rabino, mientras que otros rabinos aparecen en los medios de comunicación mostrando una completa falta de comprensión de lo que el cristianismo cree y lo que se encuentra en las páginas del Nuevo Testamento cristiano, y cómo esto contrasta fuertemente con la Biblia y las creencias del judaísmo.

Se habla cada vez más sobre la "tradición judeocristiana", incluso por parte de judíos que no entienden que, desde la perspectiva cristiana, lo único judío en esta tradición es la parte del judaísmo que condujo al cristianismo. No incluye al judaísmo rabínico que ha definido el judaísmo durante prácticamente los últimos 2000 años, y que informa a todas las ramas del judaísmo en la actualidad. También hay que preguntarse por qué el aspecto judío se latiniza en "judeo", pero el aspecto cristiano sigue siendo, simplemente, "cristiano".

En muchas iglesias de hoy, los rituales judíos se utilizan al servicio de las celebraciones cristianas. Muchas iglesias, ya sean evangélicas o liberales, celebran las festividades judías de *Pesaj y Sucot*, el Festival de los Tabernáculos. Hay *ketubahs*, es decir, contratos matrimoniales judíos, que se utilizan en los servicios matrimoniales cristianos. Hay niños cristianos que están celebrando su *Bar Mitzvah*. Todo esto desdibuja las líneas entre el judaísmo y el cristianismo.

Cada vez más personas creen que la única diferencia entre el judaísmo y el cristianismo es que la última fe acepta a Jesús como el Mesías, mientras que la primera no. No saben por qué los judíos han seguido rechazando a Jesús como el Mesías, como el salvador y como el hijo de Dios. Muchos judíos, cuyo conocimiento del judaísmo es superficial en el mejor de los casos, solo pueden decir que los judíos no creemos en Jesús porque no cumplió ninguno de los requisitos para ser el Mesías. Desafortunadamente, el único requisito que conocen es que el Mesías traerá la paz. No se dan cuenta de que hay toda una teología que uno debe aceptar primero para creer en Jesús como el Mesías cristiano. No saben que, desde la perspectiva del judaísmo, este fundamento teológico cristiano no es bíblico y es diametralmente opuesto a lo que dice la Biblia.

Si uno cree que la Biblia contiene la verdad dentro de sus versículos, y dado que el judaísmo refleja mejor la teología y las creencias encontradas en la Biblia, entonces el judaísmo es superior al cristianismo en el sentido de que contiene más de esa verdad bíblica. Ni los cristianos, ni los judíos, están acostumbrados a escuchar a ningún judío decir que el judaísmo es una fe superior al cristianismo. Sin embargo, los judíos si escuchan, ya sea sutil o descaradamente por parte de los cristianos, que el cristianismo es superior al judaísmo.

Muchos judíos, especialmente aquellos que han sido objetos del proselitismo cristiano, han escuchado el insulto a nuestra fe de que hacerse cristianos es convertirse en un "judío completo". Muchos judíos, aunque no sepan nada más del cristianismo, saben que, para los cristianos conservadores, quienes rechazan a Jesús como su salvador personal, están condenados al infierno. Puede parecer que muchos cristianos han aprendido a no decir en voz alta que su Nuevo Testamento reemplaza al "Antiguo Testamento" (por ese motivo llaman al suyo "Nuevo Testamento"; consulte más abajo), y pueden dudar o esquivar el tema cuando se les pregunta directamente si sienten que los judíos están condenados al infierno. Sin embargo, el movimiento cristiano misionero sigue creyendo esto. El judaísmo nunca ha creído que solo los judíos van al cielo. "El justo de cada nación tiene una parte en el Mundo Venidero", se afirma en la Tosefta al Sanedrín 13:2. Esta distinción entre las dos religiones también es ignorada por muchos cristianos.

Los judíos han sido entrenados desde su nacimiento para mantener un perfil bajo; ser judío como el tío Tomás. ¿Qué quiero decir con un "tío Tomás judío"? Me refiero a un judío que teme ser exterior, abierta y orgullosamente judío. Un tío Tomás judío es un judío que, por ejemplo, conversa en un tono normal en público, pero cuando el tema cambia a un tema judío, esta persona baja la voz; es un judío que con mucho gusto lleva a las reuniones judías una Chai o una Estrella de David en un collar, o una camiseta con algo judío en el frente, pero que nunca pensaría en usar joyas o una camiseta judía al ingresar a un lugar público donde la mayoría de los demás pueden no ser judíos. He estado con aquellos que esconden sus joyas judías dentro de sus camisas cuando entramos en un centro comercial.

La parte trasera de mi vehículo tiene calcomanías judías y una Estrella de David. Recibo más comentarios negativos de parte de judíos que se horrorizan de que proclame con tanta audacia que el conductor de mi vehículo es judío. Me preguntan, "¿no temes que un cristiano te dispare?" Estos son solo algunos ejemplos. A los judíos se le enseña a simplemente mantener la boca cerrada, a no ofender, incluso si eso significa no ofender incluso a los que buscan destruirnos mediante la conversión, o mediante la práctica de desdibujar las líneas que distinguen al judaísmo del cristianismo. Se nos enseña a ser pasivos, casi invisibles, especialmente cuando se trata de enfatizar nuestras diferencias con la mayoría que nos rodea, un síndrome común en los miembros de una minoría. A medida que las líneas entre el judaísmo y el cristianismo se vuelven cada vez más borrosas, este "síndrome de tío Tomás" podría llevarnos a un suicidio espiritual.

Además, y desafortunadamente, muchos judíos han sido educados para creer que nuestra fe es tan buena como cualquier otra fe. Se nos dice cosas contraproducentes, como "cada fe tiene su propia habitación en la mansión de Dios", o "hay muchos caminos que conducen al mismo Dios", o "todos adoramos al mismo Dios". Solo hay un Dios. Sin embargo, si otra fe adora a alguien como Dios que no era y no es Dios, entonces están cometiendo idolatría.

Tradicionalmente, el judaísmo ha creído que solo los judíos están obligados a adorar al Dios verdadero y, por lo tanto, no es idolatría para los cristianos u otras religiones adorar a dioses falsos, pero esto no cambia el hecho de que el dios al que adoran no es Dios y, como resultado, es idolatría. Es solo que, para los no judíos, no es un pecado. No están cometiendo el pecado de idolatría, pero lo que adoran es, de hecho, un ídolo.

Si nuestra fe es tan buena como la de los demás, si nuestra fe es tan razonable, tan beneficiosa, si nuestra fe no es más correcta que la de los demás, entonces ¿por qué cualquier judío querría ser tan diferente o ser parte de una minoría tan pequeña? ¿Por qué no simplemente convertirse a otra fe, sí, de hecho, el judaísmo es tan bueno y no mejor que otra fe? Si no creemos que nuestra fe es mejor que todas las demás religiones; si no creemos que nuestra fe es más correcta que todas las demás religiones; si no creemos que nuestra fe es más verdadera que todas las demás, ¿por qué molestarse en luchar tanto para seguir siendo diferentes? ¿Por qué no unirnos a la mayoría que nos rodea si nuestra fe es tan buena y no mejor que todas las demás? Esta actitud también contribuye a la asimilación y eventual pérdida de judíos al cristianismo.

En muchos niveles, la idea de decir "soy judío" es una forma de decir "elijo no ser de otra fe". El simple acto de elegir ser judío, seguir siendo judío, cuando la asimilación como la conversión fuera del judaísmo son tan fáciles, es hacer una declaración de que es la fe correcta y todas las demás religiones están equivocadas, al menos en la medida en que no están de acuerdo con el judaísmo y la Biblia.

No podemos tener ambas cosas. O Jesús era el Mesías o no lo era. O un humano puede morir por los pecados de otro o no puede morir por los pecados de otro. O Dios quiere y permite el sacrificio humano o Dios no quiere ni permite el sacrificio humano. O un ser humano nace en el mundo contaminado con el pecado original, o un ser humano no nace en el mundo contaminado con el pecado original. El judaísmo y el cristianismo creen en ideas diferentes y mutuamente excluyentes. Ambos no pueden tener razón porque están en fuerte desacuerdo y en oposición el uno con el otro. O nosotros tenemos la razón y ellos están equivocados, o ellos tienen la razón y nosotros estamos equivocados. Si somos iguales, si una fe es igual de buena, igual de correcta, igual de beneficiosa como la otra fe, entonces no hay razón para ser diferente y haber sufrido como hemos sufrido los judíos, simplemente porque somos tan diferentes.

Este libro también fue escrito para ayudar a los judíos a responder a los esfuerzos de los misioneros cristianos. Solo entendiendo en qué puntos el judaísmo y el cristianismo no están de acuerdo y por qué un judío puede elegir no convertirse en ser cristiano (o un gentil puede elegir convertirse a un judío). No todos elegirán responder a los misioneros cristianos con el conocimiento que han aprendido en estas páginas. El hecho de que uno tenga el conocimiento para contrastar el judaísmo con el cristianismo y demostrar que el judaísmo está más de acuerdo con las creencias bíblicas, no significa que uno debería usar este conocimiento para señalarlo a los demás. Uno tiene que elegir las batallas que, en su opinión, valen la pena pelear, y la forma en que uno elige responder a una circunstancia, podría no ser la manera en que uno elija responder en otras circunstancias o incluso en las mismas circunstancias en un momento diferente.

Para la comunidad judía, la idea de responder a los esfuerzos de los misioneros cristianos presenta un gran problema. Digamos que me encuentro entre dos cristianos. El primero es un cristiano misionero, uno que cree que voy a ir al infierno porque no creo igual que él, y, por tanto, intenta convertirme a su fe. El segundo es un cristiano liberal, uno que no cree que voy a ir al infierno, y que ni siquiera se le ocurre tratar de convertirme a su fe. Digamos que, en respuesta a una declaración misionera hecha por el cristiano misionero, hago una declaración muy simple y básica de desacuerdo con el cristiano misionero de que Jesús no era el Mesías.

Al hacer esto, no solo he negado la fe del cristiano misionero, sino que también he negado la fe del cristiano liberal. Esto significa que, es prácticamente imposible responder a un misionero sin la posibilidad de insultar también la fe de todos los cristianos en todas partes, incluyendo a los que son nuestros amigos. Este es un problema para los judíos, porque hemos sido entrenados desde el día en que nacimos a no herir los sentimientos de los demás, especialmente aquellos que son nuestros amigos y nunca considerarían atacar nuestras creencias.

¿Pondrán los judíos en el altar del diálogo interreligioso y la corrección política las almas perdidas para la comunidad judía tanto por la conversión a través de los esfuerzos de los misioneros cristianos como por el desenfoque de las líneas que nos separan?

Responder a los misioneros cristianos presenta un problema adicional para aquellos que agradecen la ayuda de cristianos devotos en apoyo del Estado de Israel. Es un conflicto de intereses. En su respuesta a los esfuerzos misioneros, ¿cómo puede un judío negar la fe de los mismos cristianos cuya fe los lleva a apoyar al Estado de Israel? La razón por la que esto se convierte en un conflicto de intereses para los judíos es que aquellos que apoyan al Estado de Israel desde una perspectiva cristiana, también son los más propensos a tener esperanza y trabajar por la conversión de los judíos y a desdibujar las líneas entre las dos religiones. Ven al cristianismo como el heredero y objetivo natural del judaísmo.

Para algunos de estos cristianos, la ayuda que brindan al Estado de Israel es el cebo en la red que arrojan como pescadores de hombres, para ser bienvenidos en las comunidades judías, de modo que eventualmente puedan hacer el proselitismo de sus objetivos judíos al cristianismo.

Existe una técnica misionera cristiana llamada *Bridge Strategy Evangelism* (evangelismo estrategia puente). También se le conoce como *Friend Strategy Evangelism* o evangelismo relacional, entre otros nombres. Esta técnica misionera cristiana funciona de la siguiente manera: primero, identifican las necesidades de las comunidades a las que quieren llegar. Luego, los misioneros cristianos buscarán una forma de atender esas necesidades, ganándose el cariño de los miembros de esa comunidad para poder convertirlos al cristianismo. Hasta que realmente comiencen sus intentos de convertir estas comunidades objetivos al cristianismo, utilizarán la amistad establecida con algunos miembros del grupo objetivo para obtener credibilidad con otros individuos o para alcanzar otros objetivos. La razón por la cual no misionizan al grupo objetivo inicial desde el comienzo es que uno tiene que desarrollar primero una dependencia por parte del grupo objetivo en aquellos misioneros que satisfagan sus necesidades, para mejorar aún más su disposición a escuchar el mensaje cristiano. Esto puede llevar años y años en desarrollarse.

Durante los últimos 50 años, los eventos más concurridos de la comunidad judía son aquellos que conmemoran el Holocausto o que muestran interés y apoyo al Estado de Israel. Cuando un rabino quiere atraer a una gran multitud a la sinagoga, todo lo que tiene que hacer es presentar un programa sobre Israel o el Holocausto y una gran multitud asistirá. Pero cuando un rabino hace un programa sobre judaísmo, sobre Dios o sobre la Torá, el número de los que asisten es minúsculo (en el mejor de los casos) en comparación.

Las necesidades de la comunidad judía, tal como las entienden los cristianos evangélicos a base de nuestro propio comportamiento, son: (1) conmemorar el Holocausto y (2) apoyar al Estado de Israel. Cuando los cristianos conmemoran el Holocausto y apoyan a Israel, entonces no puedo evitar preguntarme si un motivo oculto de ellos es este evangelismo de estrategia puente. Estos evangélicos cristianos se hacen amigos de la ingenua comunidad judía; hacen que la comunidad judía dependa de ellos para satisfacer nuestras "necesidades" de recordar el Holocausto y apoyar al Estado de Israel. Esto tiene un precio.

Por ejemplo, en 2006, los miembros de la comunidad judía se opusieron al nombramiento del juez actual Alito de la Corte Suprema e hicieron declaraciones en contra de sus actitudes políticas conservadoras. Los miembros de la derecha cristiana comenzaron a amenazar con retirar el apoyo al Estado de Israel si la comunidad judía no silenciaba estas objeciones y dejaba de luchar contra la derecha cristiana en estos temas conservadores. Efectivamente, estaban chantajeando a la comunidad judía.

He visto con bastante frecuencia que con el fin de obtener alguna ganancia (dinero en forma de contribuciones a nuestras organizaciones judías, los sentimientos de amistad, el sentimiento de que ya no tenemos que temer a los cristianos porque siguen disculpándose por el Holocausto, el apoyo para Israel), estamos ignorando o dejando de lado nuestros valores. Tenemos miedo de distinguir entre los valores cristianos y los valores judíos. Ignorar o dejar de lado los valores de uno en aras de alguna ganancia es la definición clásica de prostitución. He visto a comunidades judías ignorar la asociación de cristianos evangélicos con organizaciones mesiánicas "judías", o con aquellos que pervierten nuestras fiestas, nuestros días sagrados, nuestros eventos del ciclo de vida y nuestros rituales al invertir en ellos los significados cristianos, como expongo en este libro, porque estos mismos cristianos evangélicos hacen una gran demostración de apoyar a Israel y de conmemorar el Holocausto.

Hay un precio que estamos pagando, y habrá un precio aún mayor que pagar, cuanto más dependamos de ellos para satisfacer estas supuestas necesidades.

En el futuro, cuando sea el momento adecuado, utilizarán el hecho de que han estado satisfaciendo nuestras necesidades y, por lo tanto, congraciándose con nosotros, como un medio para evangelizarnos. Cuando la gran mayoría de los judíos, una vez más, rechazan el cristianismo, tal como los judíos han rechazado con tanta frecuencia el mensaje cristiano antes, el antisemitismo se disparará, porque su técnica no funcionará en la medida que esperan. Aunque temo la reacción violenta de los cristianos, espero que su fracaso para convertir con éxito a los judíos al cristianismo sea el resultado, de alguna manera, de este libro.

Tenemos opciones: podemos permanecer en silencio y ver a más y más miembros de nuestra comunidad judía convertirse del judaísmo a una fe que niega las premisas bíblicas más básicas de nuestra fe, o podemos abrir la boca y aclarar los contrastes que existen entre el judaísmo y el cristianismo.

Aprender cómo el judaísmo y el cristianismo se contrastan entre sí también puede ser beneficioso de muchas maneras para la comunidad cristiana. Es beneficioso, en primer lugar, al fortalecer a los judíos en sus propias creencias. También funciona para detener a los misioneros. Dejarán al judío conocedor por el menos conocedor, no de otra manera que un ladrón irrumpirá en un vehículo que no tiene defensas en lugar de uno con una alarma antirrobo visible. A menudo he visto cómo la respuesta a los esfuerzos misioneros cristianos detiene o al menos ralentiza a los misioneros en su celo por convertirnos. En más de una ocasión, he visto que su resultado ha sido la conversión del cristianismo al judaísmo. No todos elegirán responder a los misioneros cristianos del mismo modo que yo le enseño a otros a responder.

Pero como el Talmud nos enseña, *"da mah l'ha-sheev"*, debemos "saber cómo responder", incluso si, en algunas circunstancias, elegimos no responder y simplemente nos alejamos.

Aprender cómo el judaísmo y el cristianismo se contrastan entre sí también puede ser beneficioso de muchas maneras para la comunidad cristiana. Pueden llegar a comprender la base bíblica de por qué los judíos, durante más de 2000 años, han rechazado el mensaje cristiano y su teología. Quizás esto les ayudará a aceptar el hecho de que los judíos conocedores, debido a su fe en Dios y en la Biblia, siempre rechazarán al cristianismo y a Jesús. Para algunos cristianos, entender esto podría llevarlos a dejar de intentar convertirnos y a respetar el judaísmo que nos hace judíos. Aprender cómo el judaísmo se contrasta con el cristianismo puede llevar a los cristianos a entender mejor la comunidad judía, en comparación a los resultados de las conversaciones interreligiosas, en las que solo se discuten aquellos aspectos en los que ambas religiones coinciden.

Espero y ruego que este libro lleve a aquellos que buscan una fe que expresa la verdad de la Biblia a encontrarla en el judaísmo. Espero y ruego que este libro ayude a agudizar las distinciones eternas entre el judaísmo y el cristianismo.

¡Que esta sea la voluntad de Dios!

AGRADECIMIENTOS

¡Gracias Dios por darme vida, sostenerme y permitirme llegar a este maravilloso momento! Gracias a Marcy Powers por su amor, apoyo y aliento para que se escriba este libro. Gracias también a Libbi Federow y Peri Federow por su amor, apoyo y aliento. Gracias a Marcy Powers, Libbi Federow y Josh White por su edición y crítica inicial de este libro. Gracias a Ted Powers por editar el primer manuscrito, y a Cathy Leonard y al rabino Paul Caplan por editar el manuscrito final.

Gracias a todos mis profesores en la Universidad de Brown, especialmente a Jacob Neusner, y a todos mis profesores en los campus de Jerusalén y Cincinnati del Instituto judío de Religión Hebrew Union College, especialmente Michael Cook, Jonathan Sarna y Edward Goldman.

Gracias a todos los que ayudaron en la creación, mantenimiento y mejoras del sitio web WhatJewsBelieve.org, verdaderamente el precursor de este libro: Quentelle Barron, Amy Scheinerman, Ed Schienerman y Jonah Scheinerman, así como Wendy Morrison por la actualización más reciente. Gracias Jonas Vilander por convertir el sitio web en una aplicación para teléfonos móviles.

Gracias a los miembros de la Congregación Shaar Hashalom de Houston, Texas, por todo su amor y apoyo, especialmente a la Clase de Confirmación del décimo grado a lo largo de los años, en la que conversábamos los problemas planteados en este libro.

Gracias, Ron Zaguli, por tomar la fotografía que aparece en la contraportada de este libro.

Gracias al Dr. Héctron Villalobos por traducir este libro al español.

Gracias a Paula Aparicio y a Rosanne Walters por revisar la traducción.

Nuestra tradición nos enseña que incluso si una persona te enseña solo una letra del alef-bet, estás en deuda con esa persona para siempre. También estoy en deuda con todos los que he mencionado anteriormente y con todos los que no he mencionado anteriormente, pero que me han enseñado tanto a lo largo de mi vida, comenzando por mis padres, Harry y Annette Federow.

Todo lo bueno de estas páginas les pertenece a todos ustedes. Solo los errores presentes en este libro son míos.

INTRODUCCIÓN

Las creencias del judaísmo y el cristianismo son diametralmente opuestas entre sí y los judíos y los cristianos no están de acuerdo con las creencias más fundamentales de sus respectivas religiones. Las teologías de las dos religiones son mutuamente excluyentes. Este libro contrasta las creencias fundamentales más básicas de estas dos religiones.

Este libro no será fácil de leer. Irá en contra de la mayoría de los que lo lean, que se ofenden por las declaraciones de juicio, que desean creer en la equivalencia moral (que no hay un bien o un mal objetivo), y de los que creen que no hay verdades objetivas. Aquellos que no tienen los valores que distinguen al judaísmo de otras religiones, aquellos que no ven la Biblia como autoritaria (ya sea que crean o no que Dios es su autor), considerarán este libro como insensato. Aquellos que permanecen dedicados a su fe cristiana pueden entender mal las razones de este libro, a pesar de que se discuten ampliamente en el Prefacio. Este libro trata sobre el judaísmo y cómo contrasta con las creencias del cristianismo, y es difícil hacerlo sin menospreciar las creencias básicas del cristianismo.

Los cristianos pueden considerarlo como un insulto, pero mi intención no es insultar, sino defender mi fe y a mi gente ante aquellos que intentan convertirnos, a aquellos que pretenden borrar las líneas que separan el judaísmo y el cristianismo, algunos de los cuales lo hacen por temor a perder al apoyo cristiano por el Estado de Israel. Siempre trataré de enseñar a los judíos y a los cristianos interesados en qué creemos los judíos y por qué, cómo esto contrasta con las creencias cristianas y cómo las creencias judías están más en consonancia con las creencias bíblicas. Por otro lado, aquellos que buscan una explicación simple y directa de cómo el judaísmo y el cristianismo están en desacuerdo entre sí recibirán con agrado lo que leen. Aquellos judíos que deseen defender al judaísmo sobre el cristianismo lo disfrutarán.

El libro está dividido en dos partes. La Parte I examina las creencias de los judíos y el porqué, en contraste con el cristianismo. La Parte II contrasta la forma en que las dos religiones interpretan los mismos versículos en las Escrituras hebreas. Tomé los diez versículos o secciones de las Escrituras hebreas que se usan con mayor frecuencia para hacer proselitismo de los judíos al cristianismo y a cada uno he dado una de las respuestas judías.

Solo uso versículos de las Escrituras hebreas y versículos del Nuevo Testamento cristiano para contrastar las dos religiones. La comunidad cristiana no siempre está impresionada por las citas rabínicas. Sienten que la verdadera palabra de Dios se encuentra solo en la Biblia, y que el judaísmo rabínico es simplemente una fe creada por el hombre. Sin embargo, esto no evita que citen, traduzcan mal y tergiversen las declaraciones de los rabinos, tal como lo hacen con los versículos de las Escrituras hebreas. Si se puede usar para hacer parecer que los rabinos reflejaron la teología cristiana para promover sus objetivos misioneros, la usan. Sin embargo, las citas de la Biblia son efectivas para contrarrestar sus técnicas misioneras, mientras que las de los rabinos no lo son. No obstante, sí cito a los rabinos en términos de la ley judía, por la misma razón que uno no puede citar sólo la Constitución y sus autores con respecto a la ley estadounidense. Así como la ley civil estadounidense se ha desarrollado mucho más allá de los días de la Revolución Americana, la ley judía se ha desarrollado mucho más allá de los días de la Biblia, y es por las mismas razones que se explican en el quinto capítulo de este libro sobre la ley judía.

Algunas personas se refieren a la Biblia como el "Antiguo Testamento". Ningún judío que se respete a sí mismo debería referir jamás a nuestra propia Biblia como el "Antiguo Testamento", ni debería permitir que otro lo haga en un contexto judío, como nuestras propias sinagogas o en reuniones judías. Los judíos no creemos en un "Nuevo Testamento", por lo que no hay razón para llamar a nuestra Biblia el "Antiguo Testamento". El término "testamento" significa "pacto" o "contrato". Al llamar a nuestra Biblia "antiguo testamento", que significa el "antiguo pacto", los cristianos implican que su Nuevo Testamento, su nuevo pacto, ha reemplazado a nuestro "antiguo testamento". En el Nuevo Testamento cristiano, malinterpretando Jeremías 31:31 (lo cual se explica con más detalle en la Parte II de este libro), Pablo escribe:

> Hebreos 8:13 *Al decir: Nuevo pacto, ha dado por viejo al primero; y lo que se da por viejo y se envejece, está próximo a desaparecer.*

Nuestro pacto con Dios es eterno, nunca será reemplazado, y nunca desaparecerá. Tal y como cantan los judíos en las sinagogas todas las semanas en sábado, el *v'sham-ru,* el sábado es un signo eterno de nuestro pacto eterno con el Dios eterno.

> Éxodo 31:16-17 *Guardarán, pues, el día de reposo los hijos de Israel, celebrándolo por sus generaciones por pacto perpetuo. 17 señal es para siempre entre mí y los hijos de Israel; porque en seis días hizo el Eterno los cielos y la tierra, y en el séptimo día cesó y reposó.*

Para un judío, entonces, referirse a su propia Biblia como el "Antiguo Testamento", es negar la naturaleza eterna del pacto de Dios con los judíos. Los judíos deberían referirse a su propia Biblia como las "Escrituras hebreas", o como "La Biblia", como lo he hecho en este libro, o como el Tanaj. (la palabra TaNaJ se refiere a las Escrituras hebreas, y es un acrónimo compuesto por la Torá, los Cinco Libros de Moisés; Neviim, los Profetas; y Ketuvim, los Escritos, que son los otros libros bíblicos).

La traducción Bíblica que utilicé para la versión en inglés de este libro fue el King James, y para la versión en español es la Reina Valera 1960, con todas sus características, tanto buenas como malas. Lo único que cambié en la traducción fue usar "Eterno" en lugar de "Señor", ya que para los cristianos, el uso de la palabra "Señor" parece indicar a Jesús automáticamente, porque piensan que "Jesús es el Señor". Además, el uso de la palabra "Eterno" está más cerca del significado del nombre de cuatro letras para Dios, llamado "tetragrámaton", que se escribe con las letras hebreas equivalentes para Y, H, V, y H. Se deriva del verbo "ser", por lo que "Eterno" es una traducción más precisa de este nombre de Dios.

Espero que cualquiera que busque una explicación de lo que creen los judíos y por qué, aquellos que intentan entender el contraste entre el judaísmo y el cristianismo, aquellos que están investigando el judaísmo para posiblemente convertirse, los estudiantes y los profesores de religión se beneficien de este libro.

PARTE I

UN CONTRASTE DE CREENCIAS

CAPÍTULO 1

MONOTEÍSMO Y TRINIDAD

Los judíos creen que Dios es uno e indivisible. No creen en una Trinidad. En la Biblia hay varias manifestaciones de Dios. Sin embargo, esto no significa que cada una sea considerada como una entidad separada y desigual de las demás, sino que, de alguna manera, son lo mismo. Los judíos creen que cada manifestación de Dios es solo cómo Dios eligió ser percibido por los seres humanos. Adoramos a Dios, y no a las manifestaciones de Dios. No sentimos que tengamos que pasar por una manifestación de Dios para comunicarnos con una manifestación diferente de Dios. Cuando rezamos, rezamos simplemente a Dios, directamente a Dios.

Las Escrituras hebreas nos dicen que Dios es uno. Deuteronomio 6:4 dice lo siguiente:

> *Oye, Israel: El Eterno nuestro Dios, el Eterno uno es.*

¿Cómo sabemos que el término "uno" al final del versículo anterior no se refiere a algún tipo de unidad compuesta, lo que significa que Dios está compuesto de diferentes partes que suman un total? La razón por la que sabemos esto es que la palabra "uno" es un adjetivo. Aquí, describe un nombre propio, que es el tetragrámaton, el nombre de cuatro letras para Dios, en este caso traducido como "El Eterno". La mayoría de las personas no se dan cuenta de que esta palabra, traducida aquí como "El Eterno", es en realidad un nombre para Dios, tal como se nos dice en Éxodo 3:14-15. Esto se debe a que la mayoría de las Biblias traducen la palabra hebrea como "el Señor", que es un título, pero esta palabra es un nombre, el nombre más sagrado, de Dios.

Cuando la palabra "uno" modifica el nombre de una persona, debe significar que la persona es solo una, no una compuesta, sino absoluta. Permítame que se lo explique.

Los cristianos pueden tratar de explicar esto diciendo que un hombre llamado William Jones es "papá" para sus hijos, pero "cariño" para su esposa, "Bill" para sus amigos y "Sr. Jones" para sus empleados. Sin embargo, en todos los casos, William Jones tiene el mismo conocimiento, el mismo poder y la misma voluntad. Sigue siendo una persona a pesar de que Bill recibe un trato diferente e incluso se le llama con un nombre diferente, dependiendo de quién le está hablando. Sin embargo, el Nuevo Testamento cristiano describe a Jesús, el hijo, con un conocimiento diferente al del Padre, una voluntad diferente a la del Padre y una fuerza diferente a la del Padre.

En el Nuevo Testamento cristiano, Jesús afirma en una ocasión tener un conocimiento diferente a los de otras partes de la Trinidad cristiana. Por ejemplo, en Mateo 24:36, Jesús dice:

> *Pero del día y la hora nadie sabe, ni aun los ángeles de los cielos, sino solo mi Padre.*

Marcos 13:32 dice lo mismo:

> *Pero de aquel día y de la hora nadie sabe, ni aun los ángeles que están en el cielo, ni el Hijo, sino el Padre.*

Jesús no tiene el mismo poder que las otras partes de la Trinidad cristiana. Por ejemplo, Lucas 23:34 dice:

> *Y Jesús decía: Padre, perdónalos, porque no saben lo que hacen. Y repartieron entre sí sus vestidos, echando suertes.*

¿Por qué Jesús mismo no podía perdonar? Si Jesús era igual al Padre, ¿por qué le pide a su Padre perdonar? Porque él no era Dios, o una parte de Dios (lo que los cristianos llaman una "persona" de Dios). Por lo tanto, no tenía el poder de perdonar, y él lo sabía.

En Mateo 26:42, la voluntad de Jesús no es lo mismo que la voluntad del Padre:

> *Otra vez fue, y oró por segunda vez, diciendo: Padre mío, si no puede pasar de mí esta copa sin que yo la beba, hágase tu voluntad.*

También se encuentra en Marcos 14:36:

> *Y decía: Abba, Padre, todas las cosas son posibles para ti; aparta de mí esta copa; mas no lo que yo quiero, sino lo que tú.*

En las declaraciones anteriores, Jesús se diferencia a sí mismo del Padre, de Dios, porque Jesús sabía que no era Dios.

De hecho, Jesús a menudo se diferencia a sí mismo con el Padre. Lo hace en Juan 14:28:

> *Habéis oído que yo os he dicho: Voy, y vengo a vosotros. Si me amarais, os habríais regocijado, porque he dicho que voy al Padre; porque el Padre mayor es que yo.*

Lucas 18:19 proporciona un ejemplo similar:

Jesús le dijo: ¿Por qué me llamas bueno? Ninguno
hay bueno, sino solo Dios.

Además, supuestamente Jesús dijo que el castigo por hablar en contra de una parte de la Trinidad no es el mismo castigo que por hablar en contra de otra parte de la Trinidad. Si esto es cierto, entonces no pueden ser iguales o los castigos serían los mismos por hablar en contra de cualquier parte de la Trinidad:

Mateo 12:32 *A cualquiera que dijere alguna*
palabra contra el Hijo del Hombre, le será perdonado;
pero al que hable contra el Espíritu Santo, no le será
perdonado, ni en este siglo ni en el venidero.

Si las diferentes partes de la Trinidad cristiana no son una y la misma, si Jesús no sabía cosas que el Padre sabía, si Jesús no tenía la misma voluntad que el Padre, o la misma fuerza que el Padre, entonces están separados y desiguales entre sí. El concepto cristiano de una Trinidad no es monoteísmo.

Hay otro problema con respecto a las apariciones de Dios en la Biblia. Hay más de tres manifestaciones de Dios en las Escrituras hebreas. Por supuesto, existe el Espíritu de Dios, como se menciona en Génesis 1:2:

Y la tierra estaba desordenada y vacía, y las
tinieblas estaban sobre la faz del abismo, y el Espíritu
de Dios se movía sobre la faz de las aguas.

Pero también hay un Espíritu Malo de Dios, como leemos en 1 Samuel 16:23:

Y cuando el espíritu malo de parte de Dios (Ruach
Elohim Raah) venía sobre Saúl, David tomaba el arpa

y tocaba con su mano; y Saúl tenía alivio y estaba
mejor, y el espíritu malo se apartaba de él.

También hay un Espíritu Mentiroso de Dios en 1 Reyes 22:23:

Y ahora, he aquí el Eterno ha puesto espíritu de
mentira en la boca de todos tus profetas, y el Eterno ha
decretado el mal acerca de ti.

En Éxodo 12:23, se nos dice que Dios herirá a los Egipcios. Más adelante, en el mismo versículo, sin embargo, vemos que es el heridor quien hiere a los egipcios:

Porque el Eterno pasará hiriendo a los egipcios; y
cuando vea la sangre en el dintel y en los dos postes,
pasará el Eterno aquella puerta, y no dejará entrar al
heridor en vuestras casas para herir.

Si cada manifestación de Dios es una entidad diferente, entonces el heridor debe verse como una persona en Dios, así como Jesús y el Espíritu Santo, el Espíritu de Dios, son vistos como personas en Dios. A esto podríamos agregar que el Espíritu Mentiroso de Dios debe ser visto como una persona en Dios y el Espíritu Malo de Dios debe ser visto como una persona en Dios. Esto significa que, en lugar de tener una Trinidad cristiana con "el Padre, el Hijo y el Espíritu Santo", los cristianos deberían tener al Padre, al Hijo, al Espíritu Santo, al Espíritu Mentiroso, al Espíritu Malo y al Heridor. Esto ni siquiera incluye la zarza ardiente, o la columna de fuego de noche y la columna de nube de día que acompañó a los hebreos cuando dejaron la esclavitud en Egipto, según Éxodo 13:21-22.

¿Por qué la comunidad cristiana se detuvo ante las tres personas de la Trinidad, cuando podrían haber tenido más personas en la supuesta unidad compuesta de Dios? La razón es que las deidades más altas en otras religiones también vinieron en tres:

- Babilonia tenía: [1] Anu [2] Bel [3] Ena
- India tenía:[1] Brahma [2] Vishnu [3] Shiva
- La antigua Roma tenía: [1] Júpiter [2] Plutón [3] Neptuno
- La antigua Grecia tenía: [1] Zeus [2] Hades [3] Poseidón

Y así, la comunidad cristiana tomó su propia Trinidad, compuesta solo por el Padre, el Hijo y el Espíritu Santo, sin tener en cuenta el Espíritu Mentiroso, el Espíritu Malo y el heridor, además de otras manifestaciones de Dios en la Biblia.

A los judíos se les enseña que Dios es uno, que Dios es indivisible. Esta enseñanza se encuentra en todas las Escrituras hebreas. En Isaías 44:6, Dios nos dice:

> Yo soy el primero, y yo soy el postrero, y fuera de mí no hay Dios.

Cuando Isaías nos dice que Dios dijo: "Yo soy el primero", esto significa que Dios no tiene padre. Cuando Isaías nos dice que Dios dijo: "yo soy el postrero", significa que Dios no tiene un hijo literal. Cuando Isaías nos dice que Dios dijo: "fuera de mí no hay otro Dios", significa que Dios no comparte ser Dios con ningún otro dios, semidiós o "personas" de Dios.

Es por eso que Dios nos dice en los Diez Mandamientos, en Éxodo 20:3:

> No tendrás dioses ajenos delante de mí.

Incluso si creemos que hay otros dioses, no podemos tenerlos ante el único Dios. No les rezamos para que lleguen a Dios, ni rezamos en su nombre. Hacerlo sería ponerlos "ante Dios". Por ejemplo, algunas personas consideran la riqueza como un dios. En el Éxodo se nos enseña a no sostener ni siquiera aquellas cosas que tratamos como si fueran un dios, ante Dios. Dios debe venir primero.

Los misioneros cristianos pueden decirnos lo siguiente al hablar de Jesús:

—He aquí a tu Dios —pero la última vez que escuchamos algo similar fue en Éxodo 32:4, cuando los ex-esclavos señalaron al becerro de oro y dijeron—: Israel, estos son tus dioses (*Eilay eloheja*).

La visión judía de Dios es opuesta a la visión cristiana de Dios, y las dos visiones no pueden denotar al mismo Dios. Por esta razón, la visión que el cristianismo tiene de Dios, un ser que puede dividirse en partes separadas y desiguales entre sí, no es monoteísmo.

CAPÍTULO 2

DIOS NO ES UN HOMBRE

Los judíos creemos que Dios es Dios y que los humanos son humanos. Además, creemos que Dios no se convierte en humano y los humanos no se convierten en Dios. En las Escrituras hebreas, hay un gran contraste entre Dios, por un lado, y los seres humanos, por el otro. Por ejemplo, hay una reprimenda contra cualquier ser humano que dice ser Dios o Divino, como leemos en Ezequiel 28:2. Aquí Dios envía a Ezequiel para reprender al príncipe de Tiro por creer que él era Dios:

> *Hijo de hombre, di al príncipe de Tiro: Así ha dicho el Eterno: Por cuanto se enalteció tu corazón, y dijiste: Yo soy un dios, en el trono de Dios estoy sentado en medio de los mares (siendo tú hombre y no Dios), y has puesto tu corazón como corazón de Dios;*

Oseas 11:9 nos dice que Dios no es un ser humano:

> *No ejecutaré el ardor de mi ira, ni volveré para destruir a Efraín; porque Dios soy, y no hombre, el Santo en medio de ti; y no entraré en la ciudad.*

En Números y 1 Samuel hay versículos donde Dios nos dice específicamente que si Dios fuera un ser humano, entonces sería un mentiroso, ya que todos los seres humanos mienten en ocasiones. Estos versículos nos dicen que si Dios fuera un ser humano, necesitaría arrepentirse porque todos los seres humanos pecan en algún momento de sus vidas. Finalmente, estos versículos nos dicen que si Dios fuera un ser humano, entonces haría promesas, pero no las cumpliría:

> Números 23:19 *Dios no es hombre, para que mienta, ni hijo de hombre para que se arrepienta. Él dijo, ¿y no hará? Habló, ¿y no lo ejecutará?*

> 1 Samuel 15:29 *Además, el que es la Gloria de Israel no mentirá, ni se arrepentirá, porque no es hombre para que se arrepienta.*

Estos versículos dejan en claro que Dios no es un ser humano. Dios no miente, Dios no peca, y Dios no rompe las promesas como lo hacen los humanos, y como Dios haría si Dios se convirtiera en un ser humano. Dios es Dios y los seres humanos son seres humanos. Dios no se convierte en un ser humano y los seres humanos no se convierten en Dios.

Hay tres días santos judíos que celebran esta idea: *Pésaj, Janucá* y *Purim.*

Pésaj

La festividad de Pésaj celebra la liberación de los judíos de la esclavitud en Egipto. Dios sacó a los judíos de la esclavitud realizando milagros, que llegaron en forma de plagas. Estas plagas no solo fueron en contra del faraón y los egipcios, como la mayoría de la gente piensa, sino también contra los dioses de los egipcios.

> Éxodo 12:12 *Pues yo pasaré aquella noche por la tierra de Egipto, y heriré a todo primogénito en la tierra de Egipto, así de los hombres como de las bestias;*

y ejecutaré mis juicios en todos los dioses de Egipto. Yo el Eterno.

Por ejemplo, los egipcios adoraban al Nilo (divinizado como el dios egipcio Hapi), pero Moisés, en nombre de Dios, golpeó el agua del Nilo y se convirtió en sangre. Los egipcios también adoraban a Ra, el dios del sol; una de las plagas de Dios fue la oscuridad durante tres días. Las plagas de langostas y granizo que destruyeron los cultivos estaban dirigidas contra los dioses egipcios de la cosecha. Finalmente, la última plaga fue contra los primogénitos que se convertían en sacerdotes de estos dioses egipcios. Debido a que los egipcios consideraban que el faraón era un dios, el texto de Éxodo 11:5 nos dice que la plaga de la muerte del primogénito llegó hasta el trono del faraón:

> *y morirá todo primogénito en tierra de Egipto, desde el primogénito de Faraón que se sienta en su trono, hasta el primogénito de la sierva que está tras el molino, y todo primogénito de las bestias.*

La festividad de Pésaj es una forma de decir: "Lo siento, faraón, ¡no eres Dios!"

Janucá

Antíoco de Siria quería unificar su imperio convirtiendo a todos sus habitantes en helenistas, es decir, seguidores de Zeus. Por supuesto, los judíos se negaron, porque creían, y aún creen, en un solo Dios. Antíoco vio esto como una insurrección y comenzó a perseguir a los judíos. Antíoco se hacía llamar Antíoco Epífanes, que significa "Antíoco, aquel que es Dios manifestado". Finalmente, los judíos se rebelaron, dándonos lo que hoy conocemos como Janucá.

La fiesta de Janucá es una forma de decir: "¡Lo siento, Antíoco, no eres Dios!"

Purim

Purim es la fiesta que celebra los eventos del libro bíblico de Ester. En esta historia hay un personaje llamado Amán que odiaba a los judíos porque el héroe judío Mordejai no se inclinaba ante él (ver Ester 3:2-4). La reina Ester intervino en nombre de su pueblo, lo que provocó la muerte de Amán y nos dio la fiesta de Purim. La fiesta de Purim es una forma de decir: "¡Lo siento, Amán, ¡no eres Dios"!

Cada una de estas tres festividades celebra las ideas de que Dios es Dios, que los humanos son humanos, que Dios no se convierte en humano y que los humanos no se convierten en Dios. Esto significa que la distinción entre Dios y el hombre es básica para la fe del pueblo judío. El cristianismo no hace esta distinción, una práctica que también era común en el antiguo mundo pagano. La simple descripción, "su madre era humana y su padre era Dios", suena como la historia de Jesús. Sin embargo, también es una descripción de Hércules, cuya madre humana era Alcmena y cuyo padre era Zeus, y de Dionisio, cuya madre humana era Sémele y cuyo padre también era Zeus. También describe a Perseo, cuya madre humana era Dánae, y cuyo padre, una vez más, era Zeus. Además, Dánae no quedó embarazada de Zeus a través del acto sexual, sino más bien a través de una lluvia de oro, lo cual significa que el nacimiento de Perseo fue como el de una virgen.

La teología del judaísmo es una teología monoteísta absoluta, que separa al hombre de Dios. La confusión del hombre con los dioses es un sello distintivo de las religiones paganas. La teología del cristianismo se parece mucho más a los dioses salvadores, moribundos helenistas y romanos que a cualquier cosa que uno encuentre en la Biblia o en el judaísmo.

CAPÍTULO 3

SATANÁS VERSUS EL DIABLO

Los judíos creemos en la existencia de Satanás, pero no en la existencia del diablo. Hay una diferencia entre el concepto de Satanás y el concepto del diablo, aunque las palabras "Satanás" y "diablo" se usan indistintamente en el cristianismo. Para los judíos, cualquier cosa que esté remotamente en conflicto con la idea de que Dios es uno e indivisible será rechazada porque impide el verdadero monoteísmo puro, como vimos en el Capítulo 1. La idea de que hay un Dios en el cielo que lucha contra un dios del inframundo por las almas humanas no es monoteísmo. Otras religiones tenían esta misma dualidad:

- La antigua Grecia tenía a: Zeus y Hades
- La antigua Roma tenía a: Júpiter y Plutón
- El cristianismo tiene a: Dios y el Diablo

Ahora, por supuesto, el judaísmo y la Biblia hablan de un personaje llamado "el Satanás". En la mayoría de las ocasiones en que se utiliza el término en las Escrituras hebreas, se lee *HaSatán*, que significa "el Satanás". Sin embargo, en la mayoría de las traducciones falta el artículo definitivo.

El concepto de Satanás es radicalmente diferente de la idea del diablo. Para los cristianos, el diablo tiene poder y autoridad propia.

Sin embargo, en la Biblia, Satanás solo tiene poder otorgado por Dios, y no tiene autoridad. En las Escrituras hebreas, se describe a Satanás en solo unas pocas ocasiones, y en cada caso, él es un ángel que trabaja para Dios, no en contra de Dios, y debe obtener el permiso de Dios para todo lo que hace. Solo se menciona a Satanás en Crónicas, Job, Salmos y Zacarías. En cada uno de los casos, la descripción del trabajo de Satanás es actuar como un fiscal de distrito moderno, responsable de acusar y mostrar evidencia en contra de un acusado. Además, como un fiscal de distrito, Satanás debe obtener el permiso de Dios, el Juez, para comenzar una operación encubierta.

En la siguiente cita del Libro de Job, preste atención a quién está hablando, ya que Satanás le pide permiso a Dios para actuar contra Job:

> Job 2:3-6: *Y el Eterno dijo a Satanás: ¿No has considerado a mi siervo Job, que no hay otro como él en la tierra, varón perfecto y recto, temeroso de Dios y apartado del mal, y que todavía retiene su integridad, aun cuando tú me incitaste contra él para que lo arruinara sin causa? Satanás, dijo al Eterno: Piel por piel, todo lo que el hombre tiene dará por su vida. 5 Pero extiende ahora tu mano, y toca su hueso y su carne, y verás si no blasfema contra ti en tu misma presencia. 6 Y el Eterno dijo a Satanás: He aquí, él está en tu mano; mas guarda su vida.*

En los versículos anteriores, Satanás obtiene permiso de Dios para actuar contra Job, lo cual se le otorga en el versículo 6, citada arriba. Satanás no tiene poder ni autoridad propia. Un fiscal de distrito en el sistema judicial estadounidense debe obtener el permiso del juez por todo lo que hace. Así también debe hacerlo Satanás.

Además, el texto bíblico pinta esta misma imagen de El Satanás en lo que parece ser el final de una escena de la corte. En las siguientes dos citas, Satanás se sitúa frente al acusado como un fiscal de distrito al final de un programa de televisión. El primer ángel de Dios mencionado a continuación es como un abogado defensor, mientras que Satanás es su acusador, como el fiscal del distrito o fiscal.

> Zacarías 3:1-2 *Me mostró al sumo sacerdote Josué, el cual estaba delante del ángel del Eterno, y Satanás estaba a su mano derecha para acusarle. 2 Y dijo el Eterno a Satanás: el Eterno te reprenda, oh Satanás; el Eterno que ha escogido a Jerusalén te reprenda. ¿No es este un tizón arrebatado del incendio?*

> Salmo 109:6-7 *Pon sobre él al impío, Y Satanás esté a su diestra. 7 Cuando fuere juzgado, salga culpable; Y su oración sea para pecado.*

¿Qué está pasando en los versículos de Zacarías antes citado? Josué, el sumo sacerdote, parece estar siendo juzgado. Fue uno de los cautivos llevados al exilio, a Babilonia. Era hora de regresar a Jerusalén para reconstruir el templo. Satanás, como el acusador, afirma que Josué, el sumo sacerdote, no tiene derecho a regresar, ya que fue uno de los culpables que fue exiliado. Sin embargo, Dios, el Juez, dice que Josué era como "un tizón rescatado del fuego", lo que significa que el exilio lo purificó y que Dios estaba del lado de la defensa contra Satanás, el fiscal.

También hay un versículo en la Biblia que muestra que es Dios, el Creador y Gobernante de todo el universo, el responsable tanto del bien como del mal, y no un diablo o dios del inframundo que sea responsable del mal:

> Isaías 45:5-7 *Yo soy el Eterno, y ninguno más hay; no hay Dios fuera de mí. Yo te ceñiré, aunque tú no me conociste, 6 para que se sepa desde el nacimiento del sol, y hasta donde se pone, que no hay más que yo; yo el Eterno, y ninguno más que yo, 7 que formo la luz y*

creo las tinieblas, que hago la paz y creo la adversidad.
Yo el Eterno soy el que hago todo esto.

Uno ve en muchas partes de nuestra cultura popular la idea cristiana de que el diablo compite con Dios por las almas humanas. La frase que a menudo se escucha es que el diablo podría tentar a alguien a "vender su alma al diablo". Esto tampoco es bíblico. Dios es quien posee nuestras almas, y Dios nos da nuestras almas solo temporalmente mientras estamos vivos en esta tierra. Por lo tanto, no podemos vender lo que no nos pertenece, tal y como se nos enseña en Ezequiel 18:4:

> *He aquí que todas las almas son mías; como el*
> *alma del padre, así el alma del hijo es mía; el alma*
> *que pecare, esa morirá.*

Y al final de nuestras vidas, nuestra alma regresa a Dios, quien nos la prestó:

> Eclesiastés 12:7 *y el polvo vuelva a la tierra, como*
> *era, y el espíritu vuelva a Dios que lo dio.*

Para Dios, para la Biblia y para el judaísmo, tener una entidad que compita con Dios, que tenga poder y autoridad propia, es tener dos dioses, y esto viola la idea bíblica judía básica del monoteísmo.

Algunos cristianos pueden afirmar que el diablo no es un Dios, sino que es simplemente un ángel caído, uno que trató de derrocar a Dios en el cielo, y que fue expulsado junto con aquellos en el cielo que lo siguieron y se convirtieron en sus demonios.

Hay un verso en las Escrituras hebreas que parece reflejar este concepto:

> Isaías 14:12-14 *¡Cómo caíste del cielo, oh Lucero,*
> *hijo de la mañana! Cortado fuiste por tierra, tú*

que debilitabas a las naciones. 13 *Tú que decías en
tu corazón: Subiré al cielo; en lo alto, junto a las
estrellas de Dios, levantaré mi trono, y en el monte
del testimonio me sentaré, a los lados del norte; 14
sobre las alturas de las nubes subiré, y seré semejante
al Altísimo.*

Si uno mirara el contexto completo en el que se encuentra este
versículo, comenzando con Isaías 14:4, uno vería que toda esta
sección está dedicada al rey humano de Babilonia, quien creía que
él era un dios:

> Isaías 14:4 *pronunciarás este proverbio contra el
> rey de Babilonia, y dirás: ¡Cómo paró el opresor, cómo
> acabó la ciudad codiciosa de oro!*

Todo el pasaje se burla del rey de Babilonia por haber sido
tan aclamado, pero luego fue abatido. El versículo lo compara con
una estrella fugaz. De hecho, el versículo en esta traducción usa
el nombre Lucero[1], que en latín significa "portador de luz", y se
refiere al planeta Venus en el cielo temprano en la mañana, también
llamado "la estrella de la mañana". Los versículos están diciendo
que al igual que Venus, la estrella de la mañana, anuncia el nuevo
día, pero se sumerge bajo el horizonte a medida que sale el sol, el rey
de Babilonia se levantó en la noche, pero cayó de su lugar elevado.

La interpretación cristiana de estos versículos se origina no en el
judaísmo, sino en las antiguas religiones paganas. Según los textos
religiosos encontrados en Ras Shamra en la antigua Siria, Athtar
intentó desplazar al dios Baal, pero, en cambio, descendió de los
cielos para convertirse en el dios del inframundo.

---

[1]   En la versión en inglés de King James, el nombre es Lucifer, tal como
aparece en el versículo de Isaiah (Isaías) 14:12 *How art thou fallen from
heaven, O **Lucifer**, son of the morning! how art thou cut down to the ground,
which didst weaken the nations!*

Aunque algunos cristianos afirman que el diablo no es un dios, su Nuevo Testamento no lo describe así.

Primero, en los Evangelios, Jesús es tentado por el diablo en Lucas 4: 1-13:

> *Jesús, lleno del Espíritu Santo, volvió del Jordán, y fue llevado por el Espíritu al desierto 2 por cuarenta días, y era tentado por el diablo. Y no comió nada en aquellos días, pasados los cuales, tuvo hambre. 3 Entonces el diablo le dijo: Si eres Hijo de Dios, di a esta piedra que se convierta en pan. 4 Jesús, respondiéndole, dijo: Escrito está: No solo de pan vivirá el hombre, sino de toda palabra de Dios. 5 Y le llevó el diablo a un alto monte, y le mostró en un momento todos los reinos de la tierra. 6 Y le dijo el diablo: A ti te daré toda esta potestad, y la gloria de ellos; porque a mí me ha sido entregada, y a quien quiero la doy. 7 Si tú postrado me adorares, todos serán tuyos. 8 Respondiendo Jesús, le dijo: Vete de mí, Satanás, porque escrito está: Al Eterno tu Dios adorarás, y a él sólo servirás. 9 Y le llevó a Jerusalén, y le puso sobre el pináculo del templo, y le dijo: Si eres Hijo de Dios, échate de aquí abajo; 10 porque escrito está: A sus ángeles mandará acerca de ti, que te guarden; 11 y, en las manos te sostendrán, Para que no tropieces con tu pie en piedra. 12 Respondiendo Jesús, le dijo: Dicho está: No tentarás al Señor tu Dios. 13 Y cuando el diablo hubo acabado toda tentación, se apartó de él por un tiempo.*

Aquí en Lucas, así como en Mateo 4, el diablo tienta a Jesús. Ya que Jesús mismo cita a Deuteronomio 6:16, "No tentaréis al Eterno vuestro Dios, como lo tentasteis en Masah.", y el diablo estaba tratando de tentar a Jesús, implica que el diablo no reconoció a Jesús como un ser divino. Además, los versículos anteriores dicen que el diablo le mostró a Jesús todos los reinos del mundo, alegando que estaba en su poder dárselos a otro. Solo el dios de este mundo tendría ese poder, que es como Pablo se refiere al diablo en 2 Corintios 4:3-4:

> *Pero si nuestro evangelio está aún encubierto, entre los que se pierden está encubierto; 4 en los cuales el dios de este siglo cegó el entendimiento de los incrédulos, para que no les resplandezca la luz del evangelio de la gloria de Cristo, el cual es la imagen de Dios.*

El griego en los versículos anteriores de 2 Corintios usa el término *theos* para la palabra "dios", tanto en la frase, "dios de este mundo", que significa el diablo, como en la frase, "la imagen de Dios". Y así, para el diablo ser *theos*, como Dios es *theos*, significa que el cristianismo ve al diablo como un dios.

Otro nombre para el diablo en el Nuevo Testamento cristiano es "Belcebú", que se encuentra en Mateo 12, Marcos 3 y Lucas 11. Este nombre, que en hebreo es *baal-zevoov*, significa "Señor de las moscas". El término "Señor" o *Baal* se usa para referirse al diablo, así como el término "Señor" se usa para referirse a Jesús o a Dios. Además, *Baal* era el nombre de un dios en el antiguo mundo pagano.

El Nuevo Testamento junta a Dios, el Gobernante de los cielos, con el diablo, el dios de este mundo. Esto no es monoteísmo, sino politeísmo, y Dios, el judaísmo y la Biblia rechazan el politeísmo como tal.

CAPÍTULO 4

LA NATURALEZA DE LA HUMANIDAD

El concepto cristiano del pecado original es que debido a que Adán y Eva pecaron en el jardín del Edén, todos los seres humanos nacen no solo con una tendencia a pecar, sino también con la culpa de Adán y Eva. Por esta culpa, todos los seres humanos mueren, como leemos en 1 Corintios 15:21-22:

> *Porque por cuanto la muerte entró por un hombre,*
> *también por un hombre la resurrección de los muertos.*
> *22 Porque así como en Adán todos mueren, también*
> *en Cristo todos serán vivificados.*

El concepto de que morimos por el pecado de Adán y Eva en el jardín del Edén simplemente no es bíblico. El texto bíblico nos dice que Adán y Eva no fueron removidos del jardín del Edén porque pecaron. La primera vez que la Biblia usa el término "pecado", no se refiere a Adán y Eva, sino a los celos de Caín contra Abel en Génesis 4:7. Más bien, Adán y Eva fueron removidos del jardín del Edén porque había otro árbol en el jardín del cual Dios no quería que comieran. Ese árbol era el árbol de la vida.

Génesis 3:22-24 Y dijo el Eterno Dios: He aquí el hombre es como uno de nosotros, sabiendo el bien y el mal; ahora, pues, que no alargue su mano, y tome también del árbol de la vida, y coma, y viva para siempre. 23 Y lo sacó el Eterno del huerto de Edén, para que labrase la tierra de que fue tomado. 24 Echó, pues, fuera al hombre, y puso al oriente del huerto de Edén querubines, y una espada encendida que se revolvía por todos lados, para guardar el camino del árbol de la vida.

Si, según la teología cristiana sobre el pecado original, yo muero porque Adán y Eva pecaron, viola la primera parte de Deuteronomio 24:16:

Los padres no morirán por los hijos, ni los hijos por los padres; cada uno morirá por su pecado.

Uno no muere porque Adán y Eva pecaron. Va en contra de lo que dice la Biblia.

Los seres humanos siempre tienen una opción: pueden elegir la muerte o pueden elegir la vida, pero esa es su elección. Si no tenemos libre albedrío, entonces no podemos responsabilizarnos de nuestras decisiones porque ni siquiera tenemos una opción. Si uno es pecador porque así hemos nacido, no es nuestra culpa si pecamos. Es simplemente la forma en que Dios nos hizo. En este caso, si usted peca, yo no puedo culparlo, más bien debo culpar a Dios. No se le puede considerar culpable por sus pecados, porque Dios le hizo pecador; Dios le trajo al mundo, sabiendo que sería pecador. Pero si usted tiene libre albedrío, si puede elegir entre hacer el bien y el mal, ahora usted es responsable por sus propias elecciones y su propio comportamiento.

Cualquier persona con un perro probablemente puede recordar llamar a su mascota un "buen perro". Pero ¿es un perro realmente capaz de tomar una decisión moral que le lleve a llamarlo bueno? La respuesta es no. El perro solo conoce la recompensa y el castigo. Si lo pensamos, la misma situación debería aplicarse a Adán y Eva: antes de comer el fruto del árbol del conocimiento, Adán y Eva no sabían la diferencia entre el bien y el mal. Como no sabían la diferencia entre el bien y el mal, no sabían que era malo desobedecer a Dios al comer del árbol. Por lo tanto, no están cometiendo un pecado; no están haciendo una elección moral entre el bien y el mal al comer la fruta.

Como mencioné antes, la palabra "pecado" ni siquiera se usa en la Biblia cuando se refiere a Adán y Eva. Es por eso que la Biblia nunca se refiere a ese suceso como un pecado.

Génesis también menciona otro árbol en el jardín del Edén, que era el árbol de la vida. Si Adán y Eva tuvieron que comer el fruto del árbol de la vida para volverse inmortales, fue porque Dios los hizo mortales. Adán y Eva fueron creados de tal manera que la muerte fue una parte natural de su existencia desde el momento de su creación.

El texto bíblico completo de Génesis 3:22-24 nos dice que Adán y Eva eran casi como Dios y los ángeles, y lo eran porque Dios y los ángeles sabían la diferencia entre el bien y el mal. Sin embargo, también son inmortales. Como Adán y Eva comieron el fruto del árbol del conocimiento del bien y del mal, ellos, al igual que Dios y los ángeles, sabían la diferencia entre el bien y el mal. No obstante, Adán y Eva aún no eran inmortales porque aún no habían comido del árbol de la vida. Si también hubieran podido comer del árbol de la vida, entonces habrían sido totalmente como Dios y los ángeles, porque habrían sabido la diferencia entre el bien y el mal, y también se habrían convertido en inmortales. Por lo tanto, Dios separó a Adán y Eva del árbol de la vida al obligarlos a abandonar el jardín, y luego Dios bloqueó el camino hacia el árbol de la vida con los querubines y la espada en llamas. Esto es explícitamente lo que nos dicen los versículos en Génesis 3:22-24. Esto significa que Adán y Eva no trajeron la muerte al mundo. Los seres humanos no morimos a causa de su pecado; morimos porque Dios hizo de la muerte una parte de la vida desde el momento de la creación.

También hay que tener en cuenta que la muerte fue creada como una parte natural de la vida desde el primer mandamiento de Dios en Génesis 1:22 sobre los animales. Esto fue antes de que Adán y Eva fueran creados, en Génesis 1:26. Dios les dice que sean fructíferos y que se multipliquen. ¿Por qué? Para que pudieran reemplazarse, ya que ellos también fueron creados mortales.

Recordemos también que nadie puede morir por los pecados de otros, algo que analizaremos en el Capítulo 6. Esto significa que incluso si uno creyera que Adán y Eva pecaron en el jardín del Edén (lo cual no hicieron), sus descendientes no pueden morir, y no mueren, por la culpa de cualquier pecado cometido por Adán y Eva.

En general, los padres quieren que sus hijos crezcan y salgan de la casa. Dios, el padre perfecto, también quería que Adán y Eva "salgan de la casa", que fueran más independientes. ¿Cómo "crece" un niño y demuestra su independencia? Un niño aprende al desobedecer, y al desobedecer, un niño se ve obligado a asumir la responsabilidad de su comportamiento y a convertirse en un adulto. Adán y Eva eran los niños que se vieron obligados a salir de la "casa". Después de comer del árbol, sabían la diferencia entre el bien y el mal, estaban creciendo y se veían obligados a salir solos porque tenían libre albedrío. Al tener la capacidad de elegir entre el bien y el mal, entonces eran, como todos los adultos, responsables y culpables de sus elecciones.

Así es como funciona el mundo. Nacimos en el mundo siendo inocentes y sin saber las diferencias entre lo correcto y lo incorrecto. Pero a medida que crecemos, aprendemos y tomamos nuestras propias decisiones, salimos solos y nos hacemos responsables de nuestras propias elecciones. Así es como la Biblia trata a Adán y Eva: cuenta la historia del crecimiento. No sufrimos por el pecado de Adán y Eva, ellos no trajeron la muerte al mundo, nosotros morimos porque así es como Dios hizo el mundo desde el momento de la creación. Si miramos el Génesis de cualquier otra manera, no es bíblico

CAPÍTULO 5

LA LEY JUDÍA

Antes de contrastar el punto de vista judío de la ley judía con el punto de vista cristiana de la ley judía, debemos entender de qué estamos hablando cuando decimos "ley judía". En la época de Jesús, existían, ante todo, las leyes que Dios dio al pueblo de Israel a través de Moisés y que ahora se encuentran en la Torá.

Cuando los escritores del Nuevo Testamento escribieron sobre "la ley", se referían principalmente a estas leyes que se encuentran en la Torá, así como al resto de las Escrituras hebreas, que en ese momento estaban en proceso de estandarizarse como parte del canon bíblico judío.

Además, Jesús hace referencia a las primeras leyes de los fariseos, que fueron los precursores de los rabinos. Aparte de las leyes dadas por Dios en las Escrituras hebreas y las leyes que ya habían sido establecidas por los fariseos, no había otras leyes judías.

De todos los libros del Nuevo Testamento cristiano, la mayoría fueron escritos por Pablo. La verdad es que la teología de Pablo ha influido en el cristianismo más que la de Jesús, como veremos. Parece haber una diferencia entre el punto de vista de Jesús sobre la ley judía y el punto de vista de Pablo sobre esas mismas leyes.

Con respecto a las leyes que Dios dio a los judíos a través de Moisés, Jesús declara en Mateo 5:17-20:

No penséis que he venido para abrogar la ley o los profetas; no he venido para abrogar, sino para cumplir. 18 Porque de cierto os digo que hasta que pasen el cielo y la tierra, ni una jota ni una tilde pasará de la ley, hasta que todo se haya cumplido. 19 De manera que cualquiera que quebrante uno de estos mandamientos muy pequeños, y así enseñe a los hombres, muy pequeño será llamado en el reino de los cielos; mas cualquiera que los haga y los enseñe, este será llamado grande en el reino de los cielos. 20 Porque os digo que si vuestra justicia no fuere mayor que la de los escribas y fariseos, no entraréis en el reino de los cielos.

En los versículos anteriores, Jesús respeta la ley judía, así como las leyes de los fariseos, y no quiere cambiar ningún aspecto de ninguno de ellos.

Además, respecto a las leyes de los fariseos (de nuevo, los precursores de los rabinos), Jesús declaró en Mateo 23:1-3:

Entonces habló Jesús a la gente y a sus discípulos, diciendo: 2 En la cátedra de Moisés se sientan los escribas y los fariseos. 3 Así que, todo lo que os digan que guardéis, guardadlo y hacedlo; mas no hagáis conforme a sus obras, porque dicen, y no hacen.

Al decir que los fariseos, así como los maestros de la ley, "en la cátedra de Moisés se sientan los escribas y los fariseos", Jesús estaba diciendo que tenían la misma autoridad que Moisés y que deberían ser obedecidos. Esto significa que aquí, Jesús estaba diciendo que las leyes de la Biblia, así como las leyes de los fariseos (que se convirtieron en rabinos), deben ser obedecidas. La objeción de Jesús no estaba en contra de las leyes de los fariseos, sino más bien contra el hecho de que los fariseos mismos no las obedecían. Jesús atacó su hipocresía, y no sus leyes, estaba ordenando a sus seguidores que obedecieran sus leyes.

Como veremos, Pablo tenía una visión muy negativa de la ley judía, y son estas opiniones las que han prevalecido en el cristianismo en lugar de la visión de Jesús en cuanto a la ley judía. Por otro lado, Dios nunca ordenó a los no judíos que siguieran sus leyes. Las únicas personas que estaban en el monte Sinaí fueron los judíos: los hebreos y los egipcios que se fueron con ellos y se convirtieron en judíos como resultado. Después de que el cristianismo se conformó en gran parte de gentiles, es decir, de no judíos, no había razón para que guardaran las leyes bíblicas, ya que a los gentiles no se les dieron los mandamientos en primer lugar.

El cristianismo tiene muchas ideas equivocadas sobre la ley judía. No todas estas opiniones se derivan de Paul. Muchos de ellos pueden ser familiares para el lector.

Algunos de los malentendidos del cristianismo son:

1. Las leyes judías solo tratan de rituales.
2. Los judíos agregaron más y más leyes a la Biblia, las cuales son innecesarias y no son divinas.
3. El propósito de la ley judía es condenar a quienes no las obedecen.
4. Los judíos siguen la ley judía para ser justificados, eliminar su culpa, y poder ir al cielo.
5. Las leyes judías son demasiadas para que una persona las obedezca, y que ninguna persona puede obedecer todas las leyes.
6. Violar cualquier ley judía es lo mismo que violar cualquier otra ley, y violar una ley es romperlas todas.
7. La observancia u obediencia a la ley judía es una propuesta de todo o nada.
8. Las leyes judías se vuelven obsoletas si una persona obedece perfectamente o cumple esas leyes.
9. Al castigar a una persona, se puede eliminar la culpa de los pecados de otra persona.

A continuación, explicaremos cada uno de estos malentendidos.

1. Las leyes judías solo tratan de rituales

El estereotipo es que las leyes judías consisten en los pequeños rituales que uno tiene que hacer a diario, lo cual es simplemente incorrecto. Si uno realmente tomara la Biblia y la leyera, encontraría algo muy interesante. Las leyes judías se crearon para el mismo tipo de cosas y por las mismas razones por las que cualquier vecindario, ciudad, condado, estado o país crearía las leyes.

Si mi perro corre por su césped y cae en un agujero en su jardín que usted cavó por alguna razón, y se rompe una pata, ¿qué puede pasar? ¿Quién es responsable? ¿Es esta una ley de carácter ritual? Para desmentir el mito de que las leyes judías son solo ritos, esta misma ley se encuentra en la Torá, en Éxodo 21:33-34:

> *Y si alguno abriere un pozo, o cavare cisterna, y*
> *no la cubriere, y cayere allí buey o asno, 34 el dueño*
> *de la cisterna pagará el daño, resarciendo a su dueño,*
> *y lo que fue muerto será suyo.*

Para construir una casa, existen leyes y códigos de construcción que rigen cómo debe construirse y cómo la construcción debe asegurar la seguridad de quienes viven en ella y cerca de ella. Esto también aparece en la Biblia en Deuteronomio 22:8:

> *Cuando edifiques casa nueva, harás pretil a tu*
> *terrado, para que no eches culpa de sangre sobre tu*
> *casa, si de él cayere alguno.*

El versículo anterior ordena a los judíos que construyan un pretil o una baranda en su terrado o azotea, para que nadie se caiga. Realmente es un código de construcción bíblico.

Por supuesto, hay leyes judías que se refieren a los ritos judíos. En Estados Unidos hay leyes que regulan la forma de mostrar la bandera y de recitar el juramento a la bandera, que también son ritos. Pero hay que entender que la ley judía también gobierna áreas que no tienen nada que ver con rituales. De hecho, la mayoría de las personas calificaría estas leyes como civiles, pero siguen siendo parte de nuestras leyes religiosas judías. Las leyes judías, al igual que las leyes de cualquier otra nación, cubren exactamente los mismos temas: rituales, *torte* (demanda), responsabilidad, códigos de construcción, etc. La diferencia es que para los judíos, estas leyes y aquellas leyes que se derivan de los mismos valores bíblicos dados por Dios también se consideran como dados por Dios.

2. Los judíos agregaron más y más leyes a la Biblia, las cuales son innecesarias y no son divinas

¿En qué parte de la Constitución de los Estados Unidos dice que se debe conducir un vehículo a una velocidad de 30 km/h en una zona escolar? Por supuesto, la Constitución de los Estados Unidos no tiene ninguna ley relacionada con los automóviles, ya que los automóviles no se habían inventado cuando se redactó la Constitución. Cuando se inventó el vehículo, se debieron crear nuevas leyes acordes con los valores que se encuentran en la Constitución de los Estados Unidos para cubrir las nuevas situaciones creadas por este nuevo invento. Es por eso que no todas las leyes de los Estados Unidos se encuentran en la Constitución.

Esto también explica por qué no todas las leyes judías se encuentran en la Biblia. El judaísmo también tuvo que crear nuevas leyes de acuerdo con los valores y la ética divina de la Biblia para los nuevos inventos y las nuevas situaciones que se desarrollaron después del período bíblico. Es por eso que existe la Ley Rabínica.

La vida estadounidense de hoy no está definida únicamente por las leyes de la Constitución, sino también por las leyes creadas por el Congreso en los últimos 200 años, así como por varios casos judiciales y otros precedentes. Del mismo modo, el judaísmo no es solo la religión de la Biblia, sino que el judaísmo es también la religión de la interpretación rabínica de la Biblia. Hay versículos en la Biblia que exigen interpretación, porque la Biblia no da indicaciones sobre cómo se supone que deben llevarse a cabo. Probablemente, el ejemplo más obvio se ve en la ley bíblica de colocar la *mezuzá* en los dinteles de la puerta de la casa. Todo lo que dice el texto en Deuteronomio 6:9 es:

> *y las escribirás en los postes de tu casa, y en tus puertas.*

La Biblia nunca nos dice qué se supone que debe estar escrito, ni indica cómo o dónde deben colocarse estos mandamientos en los dinteles de las puertas. Para poder llevarse a cabo, este versículo requiere interpretación. Este simple ejemplo muestra la necesidad de la Torá Oral, las interpretaciones de los rabinos.

Esto no es diferente al cristianismo, que no es la religión del Nuevo Testamento, sino que es la religión de la interpretación del Nuevo Testamento por parte de los líderes de las diversas iglesias y denominaciones durante los últimos 2000 años.

La forma en que el cristianismo bautiza a alguien, y cuándo bautizan a alguien, puede mostrar cómo el cristianismo es el resultado de la interpretación del Nuevo Testamento cristiano en lugar de la religión del Nuevo Testamento. Los cristianos están divididos en cuanto a qué edad se debe bautizar y la forma en que se debe bautizar. Los católicos romanos bautizan a un bebé al nacer, mientras que la mayoría de las denominaciones protestantes solo bautizarán a una persona cuando tenga la edad suficiente para comprender lo que significa ser bautizado y para entender lo que significa aceptar a Jesús como su salvador personal. Los sacerdotes católicos romanos bautizan a un bebé simplemente rociando agua en la frente, mientras que muchas denominaciones protestantes solo bautizan sumergiendo completamente a la persona en agua. Estas diferencias en cómo y cuándo uno es bautizado es el resultado de las diferentes interpretaciones del Nuevo Testamento por parte de las diversas denominaciones y sus líderes.

El Nuevo Testamento cristiano no es claro sobre cómo o cuándo se debe hacer el bautismo. En una ocasión, en Hechos 16:31, Pablo y Silas le dicen a un hombre que, si cree, él y toda su familia se salvarán.

> *Ellos dijeron: Cree en el Señor Jesucristo, y serás salvo, tú y tu casa.*

Esto se podría interpretar como que toda la familia estaría lista para ser bautizada si solo el padre aceptara el cristianismo, y eso podría incluir a niños pequeños. Esta interpretación podría justificar el bautismo de un infante cuyo padre o cuyos padres aceptaron a Jesús.

El Nuevo Testamento cristiano tampoco es claro en cuanto a cómo uno debe ser bautizado. El bautismo como ritual cristiano se deriva de la historia en Mateo donde Jesús mismo fue bautizado:

> Mateo 3:16 *Y Jesús, después que fue bautizado, subió luego del agua; y he aquí los cielos le fueron abiertos, y vio al Espíritu de Dios que descendía como paloma, y venía sobre él.*

Todo lo que dice el texto es que después de que Jesús fue bautizado, "subió luego del agua". No dice cuán profunda era el agua; podría haber sido solo hasta los tobillos. Se puede decir que un hombre que sale de una bañera "subió del agua", pero eso no significa que todo su cuerpo estuviera completamente sumergido. Se puede sumergir un cucharón en el agua, pero solo se coloca el fondo del cucharón en el agua y no todo el cucharón. Ni el mango ni la mano que lo sostiene se sumergen completamente. El texto del

Nuevo Testamento nunca es claro sobre cómo o cuándo alguien debe ser bautizado.

Las denominaciones cristianas que interpretan este versículo de Mateo 3:16 en el sentido de que Jesús estaba completamente sumergido en agua, bautizarán sumergiendo a la persona completamente en agua. Las denominaciones cristianas que interpretan este mismo versículo en el sentido de que Jesús no estaba completamente inmerso no exigirán una inmersión total en agua para sus bautizos.

La forma en que las diversas denominaciones del cristianismo interpretaron estos versos e incorporaron sus interpretaciones en sus rituales no es diferente de la forma en que los rabinos interpretaron versos de las Escrituras hebreas y luego incorporaron estas interpretaciones rabínicas en los rituales judíos. El Talmud y la Torá Oral se componen de las interpretaciones de los rabinos. Al igual que el Talmud a este respecto, las interpretaciones hechas por los primeros cristianos de los versos del Nuevo Testamento que se aplicaron a nuevas situaciones y para resolver nuevos problemas, es su tradición oral.

Los judíos no solo agregaron más y más leyes a las leyes bíblicas ya existentes. Se enfrentaron a nuevas situaciones y tuvieron que aplicar las leyes bíblicas divinas con sus valores y ética bíblica divina a esas nuevas situaciones para continuar haciendo la voluntad de Dios. Por eso las leyes judías se consideran dadas por Dios, independientemente de si se encuentran o no en la Biblia, en el Talmud o en otra literatura judía.

3. El propósito de la ley judía es condenar a quienes no las obedecen

Pablo, en el Nuevo Testamento cristiano, parece tener una visión muy negativa de la ley judía, las leyes que Dios le dio al pueblo judío a través de Moisés en el Monte Sinaí, así como las leyes dadas al pueblo judío más tarde. Pablo escribe que estas leyes fueron dadas por Dios para enseñar a los judíos que eran pecadores e incapaces de cumplir estas leyes, para poder enseñarles que eventualmente necesitarían la muerte salvadora de Jesús en la cruz para quitarles su culpa. El propósito de estas leyes dadas por Dios, según Pablo y el cristianismo, es enseñarnos que lo que hacemos está mal, convirtiéndonos en pecadores, para que podamos comprender nuestra culpa que solo Jesús puede eliminar. Pablo escribe en Romanos 3:19-24:

> *Pero sabemos que todo lo que la ley dice, lo dice a los que están bajo la ley, para que toda boca se cierre y todo el mundo quede bajo el juicio de Dios;*

Además, Pablo escribe en Gálatas 3:10-13 que la ley es una maldición porque su función es enseñar a las personas que, dado que no pueden cumplir la ley, están malditas por ella. Desde que Jesús vino, la ley ya no es obligatoria para aquellos que creen en él y, por lo tanto, sus seguidores ya no están condenados ni maldecidos por la ley. Todos los que aceptan a Jesús son perdonados por sus pecados y la ley ya no los maldice, ya que, siendo cristianos, ya no están obligados a seguir esas leyes:

> Gálatas 3:10-13 *Porque todos los que dependen de las obras de la ley están bajo maldición, pues escrito está: Maldito todo aquel que no permaneciere en todas las cosas escritas en el libro de la ley, para hacerlas. 11 Y que por la ley ninguno se justifica para con Dios, es evidente, porque: El justo por la fe vivirá; 12 y la ley no es de fe, sino que dice: El que hiciere estas cosas vivirá por ellas. 13 Cristo nos redimió de la maldición de la ley, hecho por nosotros maldición (porque está escrito: Maldito todo el que es colgado en un madero),*

Otro ejemplo se puede ver en algunos versículos más tarde, en Gálatas 3:23-25, donde Pablo escribe que la ley de Dios era como un guía, enseñando a los que recibieron la ley, es decir, los judíos, que eran pecadores. Sin embargo, la fe en Jesús quitó los pecados que traería la inevitable desobediencia a la ley, lo que significa que ya no se necesita la ley, es decir, al guía:

> Gálatas 3:23-25 *Pero antes que viniese la fe, estábamos confinados bajo la ley, encerrados para aquella fe que iba a ser revelada. 24 De manera que la ley ha sido nuestro ayo, para llevarnos a Cristo, a fin de que fuésemos justificados por la fe. 25 Pero venida la fe, ya no estamos bajo ayo,*

Pablo enseñó que la razón por la cual Dios dio la ley fue para hacer que todos los individuos fueran conscientes del hecho de que eran pecadores, ya que no eran capaces de guardar la ley perfectamente. Como resultado de aprender de la ley que eran pecadores, la gente entendería que necesitaban que Jesús muriera por sus pecados, y les quitaría su estado pecaminoso, lleno de culpa:

Primero, ¿daría Dios una ley que sabía que nadie podría cumplir, y luego condenaría a todos por no cumplir con esa ley? Es evidente que no. ¿Es Dios tan cruel que le daría vida a una persona, le daría una ley o un conjunto de leyes que esa persona es incapaz de obedecer, y luego le condenaría a una eternidad de tortura por no cumplir con la ley que le dio? Dios no es cruel. Si Dios es todo misericordioso, si Dios es compasivo, si Dios es benévolo y amable, entonces Dios no haría tal cosa.

¿Cuál es entonces el motivo detrás de las leyes judías? Dios, que es misericordioso, compasivo, benévolo y amable, les dio leyes a los judíos por la misma razón que los padres cariñosos colocan leyes a sus hijos. Saben que los niños tendrán una vida mejor de la que tendrían si no tuvieran ninguna ley. Un padre que quiere a su hijo no le dice: "Te quiero. Ahora ve a hacer lo que quieras". Los padres cariñosos establecen ciertas reglas para sus hijos, y lo hacen porque los aman y quieren lo mejor para ellos. Una vida vivida sin disciplina, sin reglas, sin leyes por las cuales vivir, se convertirá en una vida de egoísmo y crueldad hacia los demás. Además, cuando un padre le da al niño tales leyes, el padre no quiere que el niño obedezca por complacer al padre, sino más bien porque las leyes son para el beneficio del niño.

Para entender cómo funciona la ley en el judaísmo, usemos la analogía de conducir un vehículo. Esta analogía de la ley judía con las leyes de conducir un vehículo puede ayudarnos a comprender muchos aspectos de la ley judía.

¿Alguien desea vivir en una ciudad que no tiene leyes que regulen la forma en que conducimos? ¿Alguien realmente desea conducir en una ciudad que no tiene leyes de tránsito, ni leyes de velocidad, ni leyes de derecho de paso, ni leyes que regulen la forma en que conducimos? La verdad es que las leyes fueron creadas por la ciudad y el estado para ayudarnos a conducir. Ayudan a que la conducción sea una experiencia segura para quienes están detrás del volante, los pasajeros y los peatones que entran y se acercan al tráfico.

Si uno está de acuerdo con la actitud de Pablo en los versículos citados anteriormente sobre la ley judía y la aplicará a la conducción, entonces la razón por la que se establecen las leyes para limitar la velocidad en una zona escolar, por ejemplo, sería enseñar a los conductores que son pecadores, ya que eventualmente acelerarán y recibirán una multa, convirtiéndose en infractores y violadores de la ley. Según Pablo, todos los conductores necesitan perdón por infringir la ley al conducir a más de 30 km/h en una zona escolar, ¡incluso antes de ponerse detrás del volante de un vehículo!

¿Por qué, entonces, existe una ley que limita la velocidad cuando se pasa por una zona escolar? Porque es más fácil y rápido detener un vehículo que va a 30 km/h que detener un vehículo que va a 60 km/h. Además, de modo que (Dios no lo quiera) si uno golpea accidentalmente a un estudiante, es menos probable que el estudiante sea lastimado por un vehículo que va a 30 km/h que si el estudiante fuera golpeado por un vehículo que va a 60 km/h. La ley que limita la velocidad de un vehículo en una zona escolar a un máximo de

30 km/h se establece por el bien del conductor y por el bien de los estudiantes. Uno no obedece la ley que limita la velocidad porque eso es lo que le agradaría al juez, sino más bien porque es beneficioso para los estudiantes y para el conductor obedecer esa ley.

Muy a menudo, los cristianos dirán que el judaísmo es la religión de la ley, mientras que el cristianismo es la religión del amor. Sin embargo, no se dan cuenta de que, si bien es cierto que el judaísmo es una religión de leyes, Dios nos dio estas leyes por el amor porque nos tiene. Nosotros, a su vez, obedecemos esa ley por nuestro amor a Dios. Esto es lo que significa el pasaje de Deuteronomio 6:4-9, recitado por los judíos en nuestros servicios religiosos:

> Oye, Israel: el Eterno nuestro Dios, el Eterno uno es. 5 Y amarás al Eterno tu Dios de todo tu corazón, y de toda tu alma, y con todas tus fuerzas. 6 Y estas palabras que yo te mando hoy, estarán sobre tu corazón; 7 y las repetirás a tus hijos, y hablarás de ellas estando en tu casa, y andando por el camino, y al acostarte, y cuando te levantes. 8 Y las atarás como una señal en tu mano, y estarán como frontales entre tus ojos; 9 y las escribirás en los postes de tu casa, y en tus puertas.

Estos versículos conectan nuestro amor a Dios con la obediencia a Sus mandamientos, y la obediencia a Sus leyes nos ayuda a vivir nuestras vidas al máximo, al igual que las leyes del tránsito contribuyen a una mejor experiencia al volante. Como leemos en Levítico 18:4-5:

> Mis ordenanzas pondréis por obra, y mis estatutos guardaréis, andando en ellos. Yo el Eterno vuestro Dios. 4 Por tanto, guardaréis mis estatutos y mis ordenanzas, los cuales haciendo el hombre, vivirá en ellos. Yo el Eterno.

4. **Los judíos siguen la ley judía para ser justificados, eliminar su culpa, y poder ir al cielo**

En el Nuevo Testamento cristiano, Pablo a menudo hace una comparación entre la fe y las obras. Para Pablo, es la fe en Jesús como salvador personal la que elimina la culpa del pecado y permite que uno llegue al cielo. Dado que la salvación de la condenación eterna es la principal preocupación de Pablo, él cree que la salvación es una preocupación principal del judaísmo. Debido a que él ve la fe como el medio para la salvación de la condenación eterna, y dado que el judaísmo es una religión de ley, afirma que, en el judaísmo, la obediencia a la ley judía es nuestro medio para la salvación. Está completamente equivocado en todos los aspectos:

Romanos 3:20-24, *ya que por las obras de la ley ningún ser humano será justificado delante de él; porque por medio de la ley es el conocimiento del pecado. 21 Pero ahora, aparte de la ley, se ha manifestado la justicia de Dios, testificada por la ley y por los profetas; 22 la justicia de Dios por medio de la fe en Jesucristo, para todos los que creen en él. Porque no hay diferencia, 23 por cuanto todos pecaron, y están destituidos de la gloria de Dios, 24 siendo justificados gratuitamente por su gracia, mediante la redención que es en Cristo Jesús,*

Romanos 3:28 *Concluimos, pues, que el hombre es justificado por fe sin las obras de la ley.*

Gálatas 2:16 *sabiendo que el hombre no es justificado por las obras de la ley, sino por la fe de Jesucristo, nosotros también hemos creído en Jesucristo, para ser justificados por la fe de Cristo y no por las obras de la ley, por cuanto por las obras de la ley nadie será justificado.*

Estos versículos indican un malentendido fundamental de la ley judía. En repetidas ocasiones, Pablo escribe que la ley no puede "justificar" a quienes las siguen. Ser "justificado" significa ser perdonado por nuestros pecados, ser justificado o sin la culpa del pecado, lo que entonces permite a la persona ir al cielo. Pablo creía que los judíos cumplían con la ley judía para ser perdonados por nuestros pecados, permitiéndonos ir al cielo. Pablo creía que solo la fe en Jesús les permitiría ir al cielo, ya que, desde su perspectiva, la obediencia a la ley no podría permitir que uno vaya al cielo.

Simplemente, no hay lugar en la Torá, ni en el resto de la Biblia, ni en el Talmud ni en ningún otro libro del judaísmo, que indique que los judíos en el tiempo de Jesús, antes o después, creyeron que necesitábamos mantener las leyes de Dios para ser justificados, perdonados por nuestros pecados o para eliminar nuestra culpa por nuestros pecados. Los judíos nunca obedecieron las leyes de Dios para entrar al cielo. Obedecer las leyes de Dios trae el cielo al aquí y ahora.

Cuando obedecemos las leyes eternas de Dios, Sus mandamientos, trae al Dios Eterno a nuestras vidas y nos pone en una relación directa con Dios a medida que lo obedecemos.

El cristianismo se basa en la creencia de que todos los hombres son pecadores que comienzan la vida con la mancha del pecado original y, por lo tanto, comienzan la vida con culpa. Debido a que el cristianismo cree en el pecado original, o que nuestra naturaleza es pecaminosa y pecaremos tan pronto como podamos elegir nuestras acciones, el cristianismo busca una manera de ser perdonados o justificados. El cristianismo encuentra esta manera de ser perdonado por el pecado original en la muerte de Jesús por sus pecados.

Según el judaísmo, nuestra naturaleza no es pecaminosa (vea el Capítulo 4 sobre el pecado original), y uno no se convierte en pecador hasta que uno desobedece los mandamientos, hasta que uno desobedece la ley judía. No nacemos con ninguna culpa por ningún pecado, y no obedecemos las leyes de Dios para obtener el perdón: solo necesito perdón si desobedezco la ley de Dios. La necesidad de perdón es precedida por la desobediencia, y no al revés.

Debido a que el judaísmo rechaza la idea del pecado original, no necesitamos que Jesús, o la ley de Dios, nos traiga el perdón. Necesitamos las leyes de Dios para mejorar nuestras vidas, para dar estructura y disciplina a nuestras vidas. La manera en que se obtiene el perdón por los pecados y por desobedecer la ley de Dios se analiza en el Capítulo 7 de este libro.

Volvamos a mi analogía de la ley judía y cómo funciona en el judaísmo. Desde la perspectiva judía, uno no obedece las leyes de conducir para encontrar el perdón por exceso de velocidad. Según la ley, si uno va a exceso de velocidad y recibe una multa por eso, es la propia ley la que explica cómo se consigue el perdón por exceso de velocidad, es decir, pagando la multa o tomando un curso de manejo defensivo. Uno no necesita perdón por exceso de velocidad hasta que uno excede la velocidad.

5. Las leyes judías son demasiadas para que una persona las obedezca, y ninguna persona puede obedecer todas las leyes

Según la tradición judía, si alguien tomara todas las leyes de la Torá y las contara, independientemente de lo que la ley exija o a quién exija obediencia, encontraría 613 mandamientos. Esto puede parecer muchas leyes, pero ¿cuántas leyes hay en los libros del estado en el que usted vive? Estoy bastante seguro de que hay más leyes en los libros de todos los estados de los Estados Unidos que las meras 613 leyes que se encuentran en la Torá. Y, sin embargo, casi todos los que leen este libro nunca habrán servido un día en la cárcel y nunca habrán sido acusados de infringir las leyes de la ciudad, condado o estado en el que viven.

Uno se olvida que no todas las leyes de la Torá se aplican a cada persona en cada momento de sus vidas, así como las leyes en los libros del estado en el que vive no se aplican a usted en cada momento de su vida.

Una vez más, usando la analogía de la conducción, si una persona nunca ha conducido un camión de 18 ruedas, ¿quiere decir que es culpable de no cumplir las leyes del tránsito de camiones? Por supuesto que no, porque las leyes de tránsito de un camión, presentes en la colección de leyes de cualquier estado, no se aplican a alguien a menos que se ponga al volante de un camión.

Lo mismo sucede con las leyes de Dios. No se espera que cumplamos con las leyes que no se apliquen a nosotros. Si uno no es un *cohen*, es decir, un sacerdote, entonces las leyes que rigen a los sacerdotes en la Torá, las cuales forman parte de las 613 leyes, no se aplican a esa persona. Si uno es hombre, entonces las leyes de las mujeres no se aplican. Si uno no vive en la tierra de Israel, entonces las leyes que solo conciernen a los que viven en Israel no nos aplican. La verdad, de las 613 leyes que se encuentran en la Torá, menos de la mitad se aplican a una persona en cualquier momento de su vida. Aunque 300 leyes pueden parecer muchas, recuerde que hay muchas más leyes en los libros de cualquier estado que los ciudadanos de ese estado siguen sin ningún problema.

¿Puede una persona ser totalmente justa ante los ojos de Dios? La Biblia habla de dos personas que lo fueron. En Génesis leemos sobre Noé:

> Génesis 6:9 *Estas son las generaciones de Noé: Noé, varón justo, era perfecto en sus generaciones; con Dios caminó Noé.*

Y vemos lo mismo con respecto a Job:

> Job 1:1 *Hubo en tierra de Uz un varón llamado Job; y era este hombre perfecto y recto, temeroso de Dios y apartado del mal.*

Entonces, incluso la Biblia cree que las leyes judías son factibles. Esto es especialmente evidente en la Torá:

> Deuteronomio 30:11-14 *Porque este mandamiento que yo te ordeno hoy no es demasiado difícil para ti, ni*

está lejos. 12 No está en el cielo, para que digas: ¿Quién subirá por nosotros al cielo, y nos lo traerá y nos lo hará oír para que lo cumplamos? 13 Ni está al otro lado del mar, para que digas: ¿Quién pasará por nosotros el mar, para que nos lo traiga y nos lo haga oír, a fin de que lo cumplamos? 14 Porque muy cerca de ti está la palabra, en tu boca y en tu corazón, para que la cumplas.

Dios nos dice que la ley es muy factible. Retóricamente, el pasaje anterior establece que no está oculto, no está lejos, no está en el cielo, no está más allá del mar, sino que ya está aquí con nosotros para que podamos hacerlo. Dios dice que podemos hacerlo, un sentimiento que está ausente cuando Pablo se refiere a este pasaje en Romanos 10:6-9:

> *6 Pero la justicia que es por la fe dice así: No digas en tu corazón: ¿Quién subirá al cielo? (esto es, para traer abajo a Cristo); 7 o, ¿quién descenderá al abismo? (esto es, para hacer subir a Cristo de entre los muertos). 8 Mas ¿qué dice? Cerca de ti está la palabra, en tu boca y en tu corazón. Esta es la palabra de fe que predicamos: 9 que si confesares con tu boca que Jesús es el Señor, y creyeres en tu corazón que Dios le levantó de los muertos, serás salvo.*

Pablo usa el pasaje de Deuteronomio 30 como un medio para predicar que uno debe creer en Jesús porque la ley no es factible y ha sido reemplazada por la fe en Jesús. Para expresar este punto, él deja de lado la parte de Deuteronomio 30:14, donde Dios dice "para que la cumplas".

Como dijimos anteriormente, Dios no le daría a nadie ni a ningún grupo un conjunto de leyes que sabía que no podían ser obedecidas, y luego condenarlos por no obedecerlas. Eso sería cruel de parte de Dios.

6. Violar cualquier ley judía es lo mismo que violar cualquier otra ley, y violar una ley es romperlas todas

Muchos cristianos creen que violar una sola ley de Dios en la Biblia es lo mismo que violar todas las leyes. Este concepto se encuentra en Santiago 2:10:

Porque cualquiera que guardare toda la ley, pero ofendiere en un punto, se hace culpable de todos.

Por supuesto, esto no tiene sentido. Nunca en la Biblia Dios equiparó todas las leyes entre sí. Esto se muestra de forma sencilla por los castigos que Dios da a los que rompan sus leyes. Quien roba no recibe el mismo castigo al que comete un asesinato premeditado y de primer grado a sangre fría. Tampoco deberían ser iguales. En cuanto al asesinato, la Biblia es clara:

Éxodo 21:12 *El que hiriere a alguno, haciéndole así morir, él morirá.*

Y por robar, la Biblia es igualmente clara:

Éxodo 22:1 *Cuando alguno hurtare buey u oveja, y lo degollare o vendiere, por aquel buey pagará cinco bueyes, y por aquella oveja cuatro ovejas.*

Dado que el castigo impuesto por Dios es diferente para las dos transgresiones, a los ojos de Dios, no son lo mismo, y romper un mandamiento no es como si uno los rompiera a todos, o el castigo por cada transgresión, por cada pecado, sería lo mismo, y eso significaría la pena de muerte. Sin embargo, parece que el cristianismo lo entiende así. En Romanos 6:23, Pablo escribe:

Porque la paga del pecado es muerte, mas la dádiva de Dios es vida eterna en Cristo Jesús Señor nuestro.

El precio del pecado no es la muerte. La muerte es algo que sucede, y Dios creó un mundo donde, desde el principio, la muerte formaba parte de nuestra existencia (vea el Capítulo 4 de este libro). La idea de que violar una ley es romperlas todas, es simplemente ridícula, y se puede ver cuando aplicamos esta actitud sobre la ley judía a las leyes del tránsito.

Primero, si usted conduce y llega a una zona escolar, reducirá la velocidad a 30 km/h o menos. Si ingresa a la zona escolar, mira el velocímetro y ve que va a 35 km/h, ¿está excediendo el límite de velocidad? Sí. Aplicando la actitud cristiana hacia la ley judía a las leyes del tránsito, uno debería recibir la pena de muerte por ir a 35 km/h en una zona escolar. Si violar una ley es romperlas todas; si, como escribió Pablo, "el precio del pecado es la muerte", entonces uno recibiría la pena de muerte por cualquier transgresión contra la ley, y así se obtendría la pena de muerte por ir 35 km/h en una zona escolar de 30 km/h, así como uno recibiría la pena de muerte por asesinato a sangre fría.

¿Podría un oficial de policía darle una multa por ir a 35 km/h en una zona escolar de 30 km/h? Lo más probable es que el oficial no lo haga.

¿Quién es más compasivo, quién es más misericordioso, más comprensivo? ¿Un oficial de policía o Dios? Dios es más compasivo, misericordioso y comprensivo, y entonces Dios estaría listo para perdonar más rápido que un oficial de policía humano.

¿Sería más probable que un oficial de policía le dé una multa por ir a 35 km/h en una zona escolar en agosto / septiembre o en mayo / junio? Creo que es más probable que lo haga en agosto / septiembre, porque quiere que usted desarrolle los hábitos correctos a principios del año escolar. Esto explica por qué Dios parece ser mucho más estricto en el período bíblico que hoy.

¿Dios realmente espera la perfección de nosotros? Dios nos hizo, y, por lo tanto, sabe, desde el momento de nuestra creación, que no somos criaturas perfectas. Dios sabe que lo intentaremos, pero no siempre lo lograremos. De hecho, así es como Dios lo presenta en la Torá:

> Deuteronomio 6:3 *Oye, pues, oh Israel, y cuida de ponerlos por obra, para que te vaya bien en la tierra que fluye leche y miel, y os multipliquéis, como te ha dicho el Eterno el Dios de tus padres.*

El versículo anterior dice: "cuida de ponerlos por obra". El hebreo dice *leesh-mor la-ah-sot*. *Leesh-mor* significa "guardar, observar" y *la-ah-sot* significa "hacer". ¿A un gallinero vigilado le roban los pollos? ¡A veces, sí! Dios sabe que lo intentaremos, pero no siempre tendremos éxito porque no somos criaturas perfectas, tal como Dios nos hizo. Esforzarnos al máximo es lo que Dios quiere. Aunque tropezamos, como lo haremos, si la casa vigilada es robada, y lo será, Dios todavía nos ama y nos perdona cuando seguimos la ley para obtener y ganar el perdón (vea el Capítulo 7 de este libro).

¿Qué es lo que merece perdón? Como leemos en el capítulo siete de este libro, si ayunamos, si rezamos por el perdón, si comenzamos a obedecer y dejamos de desobedecer, Dios nos perdonará. En otras palabras, nuestras acciones, nuestras obras, y no nuestra fe, nos conceden el perdón. Si bien nuestra fe puede llevarnos a actuar, son las acciones las que nos traen el perdón de Dios.

¿Cómo sabemos qué hacer para ganar el perdón de Dios? Porque la ley misma nos lo dice, así como la ley misma nos dice cómo ser perdonados de una multa por exceso de velocidad: pague la multa, tome la clase de manejo defensivo y no lo vuelva a hacer. Si uno excede el límite de velocidad otra vez, la sanción no será tan leve, esta vez uno tendrá que pagar una multa mayor o incluso ir a la cárcel en lugar de simplemente tomar una clase de manejo defensivo.

Por otro lado, mientras leemos en nuestros servicios todos los días, Deuteronomio 11:13-21 hace parecer que si obedecemos los mandamientos de Dios, todo nos irá siempre bien, mientras que si transgredimos las leyes de Dios todo nos irá mal:

13 Si obedeciereis cuidadosamente a mis mandamientos que yo os prescribo hoy, amando al Eterno vuestro Dios, y sirviéndole con todo vuestro corazón, y con toda vuestra alma, 14 yo daré la lluvia de vuestra tierra a su tiempo, la temprana y la tardía; y recogerás tu grano, tu vino y tu aceite. 15 Daré también hierba en tu campo para tus ganados; y comerás, y te saciarás. 16 Guardaos, pues, que vuestro corazón no se infatúe, y os apartéis y sirváis a dioses ajenos, y os inclinéis a ellos; 17 y se encienda el furor del Eterno sobre vosotros, y cierre los cielos, y no haya lluvia, ni la tierra dé su fruto, y perezcáis pronto de la buena tierra que os da el Eterno. 18 Por tanto, pondréis estas mis palabras en vuestro corazón y en vuestra alma, y las ataréis como señal en vuestra mano, y serán por frontales entre vuestros ojos. 19 Y las enseñaréis a vuestros hijos, hablando de ellas cuando te sientes en tu casa, cuando andes por el camino, cuando te acuestes, y cuando te levantes, 20 y las escribirás en los postes de tu casa, y en tus puertas; 21 para que sean vuestros días, y los días de vuestros hijos, tan numerosos sobre la tierra que el Eterno juró a vuestros padres que les había de dar, como los días de los cielos sobre la tierra.

En otras palabras, si obedecemos, todo estará bien, pero si desobedecemos, todo estará mal. Pero ¿qué tan real es esto? Pues es muy real, tal y como aprendemos conduciendo. Los hábitos pueden matar, pueden conducir a la muerte. Ignorar una señal de pare, beber mientras conduce o pasar una luz roja no siempre lo matará o matará a otros, pero si continúa haciéndolo, el mal hábito lo atrapará. Los buenos hábitos pueden ayudarle y los malos hábitos pueden lastimarle.

Ahora, por supuesto, la obediencia a las leyes de Dios no asegurará una vida perfectamente buena, así como la desobediencia a las leyes de Dios no asegurará una vida horrible. Cosas malas pasan a personas buenas, y cosas buenas les pasan a personas malas. Sin embargo, el texto tiene razón en que, en general, es más probable que la vida de uno sea mejor si uno obedece y la vida de uno sea peor si no lo hace.

Si una persona tiene la costumbre de no participar en la fe, en la religión, ¿cómo puede estar allí su fe cuando los tiempos se ponen difíciles? La religión no es agua del grifo, que uno quiere que esté ahí cuando la necesita, pero no pagará por ella y no hará ningún esfuerzo para asegurarse de que esté allí cuando tenga sed. Todos quieren simplemente poder acercarse a un grifo, tomar cuanto necesiten y partir. La religión no es agua del grifo; requiere que tengamos una relación continua con nuestra fe para que esa fe nos pueda ayudar cuando la necesitamos.

Volviendo a nuestra analogía de ir a 35 km/h en una zona escolar, si usted pasara por una zona escolar y nota que está excediendo el límite de velocidad, ¿se detendría y se entregaría a la policía y esperaría la pena de muerte? Evidentemente no, porque el precio del exceso de velocidad no es la muerte. Lo que usted haría, y sospecho que es lo que ha hecho, es que simplemente reduciría la velocidad e intentaría no volver a hacerlo. Lo mismo ocurre con las leyes de Dios, y lo mismo con la ley judía.

Si transgredo la ley de Dios, no me doy por vencido, no me vuelvo pesimista, no me odio o asumo que es simplemente la malvada naturaleza humana de pecar; simplemente intento hacerlo mejor. El judaísmo no entiende nuestra desobediencia ocasional a las leyes de Dios como una declaración sobre nuestra naturaleza, sino que es una declaración sobre nuestra capacidad de hacer lo bueno y lo malo, una elección constante que debe hacerse entre los dos. El judaísmo hace énfasis en la desobediencia de la ley y nuestra capacidad humana de pecar, más bien el judaísmo se alegra de nuestra capacidad de elegir obedecer y tratar de obedecer, y se alegra de nuestros éxitos. El judaísmo cree además que Dios también se alegra de nuestros éxitos. Esta actitud más positiva hacia Dios y hacia la humanidad genera una mayor autoestima que enfatizar la naturaleza pecaminosa del hombre y la condena de Dios. Por lo tanto, no es de extrañar que los judíos se destaquen en tantas cosas, ya que los psicólogos y los estudios demuestran que una alta autoestima es importante para el éxito.

Hay otra reacción que uno podría tener, si se acepta la actitud cristiana hacia la ley judía, según la cual quebrantar una ley es lo mismo que romperlas todas y que el castigo de la muerte es merecido por cualquier transgresión. Si veo que voy a 35 km/h en una zona escolar de 30 km/h por hora, entonces me daré cuenta de que estoy quebrando la ley. Podría decir que, dado que ya estoy condenado por ir a 35 km/h, entonces también podría ir a 120 km/h. ¿Por qué no? Como no puedo cumplir la ley perfectamente, es mejor que no la cumpla en absoluto. Lo que nos lleva al próximo malentendido de la ley judía.

7. La observancia u obediencia a la ley judía es una propuesta de todo o nada

El cristianismo parece creer que para los judíos la obediencia a las leyes de Dios es todo o nada. Lamentablemente, muchos judíos también creen que la observancia de la ley judía es una propuesta de todo o nada. Algunos creen que, dado que uno debe obedecer todas las leyes judías en todo momento, pero no lo hace (ya sea por elección o por accidente), entonces es mejor no obedecer ninguna de las leyes judías.

Tal vez asimilando la actitud cristiana hacia la ley judía, según la cual quebrantar una ley es quebrantarlas todas y que la pena es la misma para todas, muchos judíos sienten que si no pueden hacer todo y en todo momento, eligen no hacer nada o quebrantar la ley en mayor grado.

Solo porque vamos a violar la ley judía un poco (como ir a 35 km/h), no nos da permiso a romperla completamente (como ir a 120 km/h). Permítame que se lo explique.

Si una persona es de la opinión de que, si no se puede comer *kosher* en un restaurante que no está certificado como tal, entonces da igual si come una hamburguesa con queso y tocino, es igual a la idea de que, ya que se está conduciendo a 35 km/h en una zona escolar con un límite de 30 km/h, entonces da igual si se acelera a 120 km/h. Lo que esta persona no entiende es que, si uno va a violar la ley, entonces es mejor violar la ley en un nivel menor. Como lo mencionamos anteriormente, un oficial de policía humano probablemente no le dará a alguien una multa por conducir a 35 km/h, y Dios es mucho más compasivo y misericordioso que un oficial de policía humano. Por supuesto, la policía preferiría que uno conduzca a una velocidad de 30 km/h o menos. Por supuesto, Dios preferiría que observemos cuidadosa y completamente todas las leyes de Dios, incluidas las leyes de la observancia kosher. Pero como también mencionamos anteriormente, estas leyes no están destinadas a condenarnos, están destinadas a mejorar nuestras vidas, y fueron entregadas al pueblo judío para mejorar nuestra situación. Por nuestro propio bien, debemos observar estas leyes, al menos en cierta medida, lo mejor que podamos. Deberíamos elegir solo ir a 35 km/h, si es que vamos a infringir la ley, en lugar de ir a 120 km/h.

Hay diferentes niveles de las leyes judías para mantenerse kosher.

Primero, están las leyes bíblicas en Levítico 11 que nos dicen qué animales son considerados kosher. Allí se nos ordena no comer nada de un cerdo y no comer nada en las aguas a menos que tenga aletas y escamas. Este último mandamiento es el que impide comer mariscos de cualquier tipo. Luego están las leyes rabínicas que determinan cómo se matará, preparará y servirá al animal kosher. Es la observancia de todas estas leyes lo que hace que la comida que comemos sea kosher.

El nivel personal de observancia de las leyes alimentarias puede variar en un espectro muy amplio. Es posible que un rabino ortodoxo no coma la comida de otro rabino ortodoxo porque el estándar del otro rabino puede ser diferente al estándar del primer rabino, pero ambos, de hecho, se mantienen kosher. Un *mashguíaj* es alguien que asegura que un restaurante o fabricante mantenga un cierto estándar de mantenimiento kosher. Sin embargo, el *mashguíaj* para un restaurante no puede, de hecho, comer en ese restaurante porque sus estándares personales pueden ser más altos que el grupo para el que trabaja como la organización de certificación kosher de la ciudad. Esto no significa que la comida en ese restaurante no sea kosher, solo significa que no está al nivel personal de ese *mashguíaj*. Al fin y al cabo, él certificó ese restaurante como kosher, pero según el estándar de la ciudad, y no según su propio estándar.

Del mismo modo, uno puede mantenerse kosher, a pesar de que puede estar en un estándar muy bajo, pero es mejor mantenerse kosher a un nivel más bajo que no mantenerse kosher en absoluto.

Cuando voy a un restaurante de comida rápida no kosher, tengo una opción. Puedo pedir una hamburguesa con queso y tocino, puedo pedir solo la hamburguesa con queso, puedo pedir una hamburguesa, puedo pedir un sándwich de pescado o puedo pedir una ensalada.

¿Realmente tengo que comer la hamburguesa con queso y tocino? Puedo reconocer que Dios me ha ordenado que no coma cerdo, y puedo elegir, en respuesta a Dios, no comer el tocino. Si bien es cierto que la hamburguesa con queso combina productos lácteos y carne, y la carne en sí no es carne de res kosher, todavía estoy respondiendo a un mandamiento de Dios al abstenerme de comer el tocino en el sándwich. Esto significa que, incluso en el nivel más bajo posible, me mantengo kosher hasta cierto punto.

La historia jasídica a continuación ejemplifica lo que intento decir.

Un día unos discípulos se acercaron a su rabino, y jugando a confundir al rabino, querían hacerle una pregunta para la cual no había una respuesta perfecta.

— Rabino —le preguntaron—, hay una escalera y la escalera tiene 613 peldaños. Hay alguien en la parte superior y alguien en la parte inferior. ¿Quién, ante los ojos de Dios, está más alto?

Ahora, el rabino sabía que la respuesta obvia a esto sería la persona en la parte superior, que, al estar arriba, observa casi todos los 613 mandamientos. Sin embargo, decir que la persona que está en la parte superior está más alta a los ojos de Dios sería presuntuoso y negaría las alturas, por bajas que sean, de la persona que está cerca de la parte inferior. Esto también podría disuadir a alguien que se encuentra en la parte inferior a escalar aún más alto. Por otro lado, el rabino sabía que decir que la persona que estaba en la parte inferior se encontraba en una posición más alta ante los ojos de Dios sería ridículo, debido a las alturas obtenidas por el que estaba cerca de la parte superior. Por ese motivo, el rabino guardó silencio.

Los discípulos, pensando que tenían a su rabino desconcertado, le preguntaron:

— Rabino, ¿cuál es la respuesta? ¿Hay una respuesta?

El rabino respondió:

— Hay una respuesta, pero no me has contado toda la historia.

Los discípulos le dijeron:

— Por supuesto que le contamos toda la historia. Hay una escalera con 613 peldaños, alguien está cerca de la parte superior, alguien está cerca de la parte inferior. Entonces, ¿quién ante los ojos de Dios está más alto?

Y el rabino les dijo:

— Pero no me han dicho, ¿cuál de los dos en la escalera se mueve hacia arriba?

Si elige la hamburguesa con queso, en vez de la hamburguesa con queso y tocino, se está colocando en la escalera de 613 escalones. Sí, usted se encuentra en la parte inferior, pero ha reconocido que tiene esta escalera, cuyo propósito es elevarlo, acercarlo a Dios y hacer su vida más espiritual.

Sí, todavía está comiendo productos lácteos y carne juntos, y sí, está comiendo carne que no es kosher, pero debido a que está respondiendo al mandamiento de Dios, al menos en cuanto a abstenerse de comer el tocino, usted se mantiene kosher, incluso si está en el nivel más bajo posible.

¿Es mejor comer la hamburguesa con queso que comer la hamburguesa con queso y tocino? Sí, si lo hace en respuesta a los mandamientos de Dios.

¿Es mejor comer solo la hamburguesa y no la hamburguesa con queso? Sí, porque es un nivel más alto de mantenerse kosher que comer hamburguesa con queso.

¿Es mejor no comer la hamburguesa que está hecha de carne de vaca no kosher, y elegir comer el sándwich de pescado hecho de bacalao? Sí, porque, una vez más, está subiendo la escalera de 613 peldaños con cada elección.

Cada ley judía tiene su propio mérito, su propia recompensa y su propio efecto sobre quien la observa o la obedece. No comer tocino tiene su mérito, incluso si la hamburguesa con queso mezcle productos lácteos y carne, e incluso si la carne no está hecha de carne kosher. Hay mayor mérito al no comer la hamburguesa con queso y tocino y no comer la hamburguesa con queso, porque ahora usted está observando dos leyes judías diferentes. El mérito es aún mayor al elegir no comer carne no kosher y comer el sándwich de pescado de bacalao.

Cada ley judía tiene su propia recompensa y su propio efecto sobre quien la observa o la obedece.

Le pregunté a los demás qué hacen que sea exclusiva y distintivamente judío, y por qué lo hacen. Las respuestas podrían clasificarse en cuatro áreas, y cada ley judía caerá en una o más de estas cuatro categorías, como Dennis Prager describió en el libro que escribió con el rabino Joseph Telushkin *The Nine Questions People Ask About Judaism: The Intelligent Skeptic's Guide* (Las nueve preguntas que la gente hace sobre el judaísmo: La guía del escéptico inteligente). Estas categorías están determinadas por la motivación de quien observa la ley judía, y en realidad no son una categoría de la ley en sí.

Estas cuatro categorías son: Santidad, Ética, Nacional y Reflexiva.

La primera categoría se denomina Santidad. Esto significa que lo que motiva a una persona a observar una ley judía es que conecta a la persona con Dios. Es una respuesta a la voluntad Divina, un reconocimiento que Dios ha ordenado, y es también una expresión de hacer del acto algo espiritual. Si uno dice que se mantiene kosher, en cualquier medida, porque Dios lo ha ordenado, significa que cada vez que esa persona coloca algo en su boca, tiene que determinar si es kosher o no, y si está de acuerdo con lo que Dios ha exigido. Significa que la persona que se mantiene kosher por esta razón, cada vez que come, está reafirmando su relación con Dios. Trae a Dios a su vida cada vez que come.

La segunda categoría se denomina Ética. Esto significa que lo que motiva a una persona a observar la ley judía es que le recuerda que hay que ser ético. En lo que respecta a mantenerse kosher, significa que esa persona ha elegido mantenerse kosher, sin importar en qué medida, porque esa persona reconoce que el judaísmo exige el trato ético de los animales, que la matanza de los animales al estilo judío son los más humanos, y esto es una preocupación constante del judaísmo.

La tercera categoría se denomina Nacional. Esto significa que lo que motiva a una persona a observar una ley judía es que conecta a la persona con algo más, otra persona, o con el pueblo judío, y con algo que es más grande que esa persona como individuo. En cuanto a mantenerse kosher, significa que esa persona se mantiene kosher para conectarse con las personas a las que Dios les ordenó abstenerse de comer cerdo o mariscos. Significa que la persona que ha elegido mantenerse kosher, en cualquier nivel, es parte de algo más grande que él o ella solo y se ha conectado con su historia, una historia que tiene 4000 años de antigüedad.

La cuarta categoría se denomina Reflexiva. Esto significa que lo que motiva a una persona a observar una ley judía es algo que afecta directamente a la persona que la observa. En cuanto a mantenerse kosher, significa que la persona ha elegido para sí misma algo que es una disciplina con respecto a la comida. La psicología nos ha demostrado que aquellos que son disciplinados en una cosa son mucho más propensos a tener éxito en muchas otras, mientras que aquellos que son disciplinados en nada tienen más probabilidades de tener éxito en nada. No hay nada más difícil de disciplinar que nuestros hábitos alimenticios. Cualquiera que haya tratado de bajar de peso lo sabe. Al mantenerse kosher, incluso en menor medida, uno se vuelve disciplinado.

Como escribí anteriormente, cualquier ley judía caerá en una o más de estas cuatro categorías. Cuantas más de estas cuatro categorías motiven a una persona a seguir una ley judía, mayor efecto tendrá esta ley en su vida.

Si una persona quiere sentir lo Divino y traer a Dios a su vida, si una persona quiere aprender y practicar lo Ético, si una persona quiere conectarse no solo con Dios, sino también con el pueblo judío que Dios ordenó, si una persona quiere hacer algo que mejorará su vida por haberlo hecho, entonces esa persona debería pensar seriamente en aumentar su nivel de observancia a la ley judía. Si una persona quiere tener todo esto en su vida, pero no es judía, debería considerar seriamente la conversión al judaísmo.

Una vez una mujer me dijo que sentía que tenía que dejar de encender las velas de Shabat. Le pregunté por qué, y ella me dijo que cuando dejó de cumplir las leyes de alimentación kosher en su hogar, sintió que su hogar ya no era completamente judío. Sintió que encender las velas de Shabat sería una mentira.

Dijo que el brillo de las velas de Shabat en la mesa de su cocina la hacía sentir como si Dios y su fe impregnaran su hogar. Cuando dejó de mantener un hogar kosher, sintió que ese brillo era una mentira. Después de haber escuchado mi conferencia sobre el tema del mito de que el judaísmo era una fe que creía que la observancia de la ley judía era una propuesta de todo o nada, me dijo que comenzó nuevamente a encender las velas de Shabat en su hogar.

8. Las leyes judías se vuelven obsoletas si una persona obedece perfectamente o cumple esas leyes

En el Nuevo Testamento cristiano, en Mateo 5: 17-18, se cita a Jesús diciendo:

No penséis que he venido para abrogar la ley o los profetas; no he venido para abrogar, sino para cumplir.

18 Porque de cierto os digo que hasta que pasen el cielo y la tierra, ni una jota ni una tilde pasará de la ley, hasta que todo se haya cumplido.

Muchos cristianos creen que esto significa que, dado que Jesús supuestamente cumplió la ley al hacer los mandamientos perfectamente, la ley judía dada por Dios a los judíos a través de Moisés se ha vuelto obsoleta. Esto no es solo incorrecto, es simplemente absurdo. Una vez más, permítanme usar las leyes de tránsito para mostrar por qué esto no es correcto.

Si conduce detrás de otro vehículo y ambos llegan a una señal de pare, y el vehículo que está delante de usted obedece perfectamente las leyes de detenerse en una señal de pare, ¿significa esto que las leyes de detenerse ante una señal de pare se han cumplido y nadie tiene que volver a detenerse ante esta señal? Obviamente no.

Esto se debe a que las leyes del tránsito no se crearon para enseñar a las personas que con el tiempo pueden quebrantarlas, y como consecuencia, se necesitará los tribunales. Las leyes del tránsito se crearon para hacer las calles más seguras, para el beneficio de la gente y no para condenarlos. Por ejemplo, si se descompone un semáforo, la ley establece que la intersección se convierte en un cruce de cuatro vías. Todo el tráfico en todas las direcciones debe detenerse en la intersección, despejar el tráfico y luego avanzar lentamente a través de la intersección. Esta ley tiene como objetivo que la conducción sea más segura y permite que todos sepan qué se espera de ellos en este caso.

La ley judía es igual, e incluso si alguien llegara y obedeciera todas las leyes perfectamente, incluso si fuera Dios manifestado en forma humana (una idea pagana, como hemos discutido en el capítulo 2 de este libro), la ley continuaría siendo obedecida y continuaría ayudando a la humanidad como resultado. El cristianismo cree que las leyes fueron dadas por Dios para preparar a los judíos para la venida de Jesús. Entonces, cuando Jesús vino, y supuestamente cumplió con las leyes, se volvieron obsoletas. Sin embargo, dado que la ley judía fue dada por Dios para mejorar la vida de aquellos que las siguen, las leyes son eternas, como Dios es eterno, porque el beneficio que se obtiene al obedecer a Dios y las leyes de Dios continuará mientras sean obedecidas.

9. Al castigar a una persona, se puede eliminar la culpa de los pecados de otra persona

Aunque esto se discutirá más a fondo en el Capítulo 6 de este libro, permítanme tratarlo brevemente con la analogía de las leyes del tránsito.

Si conduzco a toda velocidad por una zona escolar y alguien muere (Dios no lo quiera) ¿podría otra persona recibir la pena de muerte en mi lugar o ir a la cárcel en mi lugar? Incluso si se ofreciera para hacerlo, ¿lo permitirían los tribunales? Por supuesto que no. ¿Y si me multaran por mi infracción, podría alguien pagar la multa? En realidad, no. Alguien más puede darme el dinero para pagar la multa, pero yo soy la persona que es llevada ante el juez. Yo soy el que se declara culpable y el que tiene que pagar la multa por mi propia culpa, independientemente de dónde obtenga el dinero.

El dinero pasa a ser mío antes de entregarlo a la corte.

Capítulo 6

UNA PERSONA MURIENDO POR LOS PECADOS DE OTRA

El cristianismo enseña que el Mesías es un sacrificio humano (es decir, el sacrificio de sangre) necesario para el perdón del pecado, como ya hemos discutido. Sin embargo, nuestra Biblia enseña a los judíos que nadie puede morir por los pecados de otro. Esto se nos dice dos veces en la Torá y una vez en los Profetas.

En el Éxodo, Moisés trata de ofrecerse a sí mismo como expiación por los pecados del pueblo. Moisés pide que se le excluya del Libro de Dios. No sabemos qué libro de Dios puede ser ese, sin embargo, ser excluido significa ser castigado. La mayoría cree que este fue el Libro de la Vida, es decir, el libro en el que Dios escribe los nombres de aquellos que vivirán durante el próximo año, del que se habla cada año en los Días de Penitencia. Esto es lo que queremos decir cuando nos deseamos mutuamente en *Rosh Hashaná*, "Que seas inscripto y sellado para un buen año, *Leshaná tová tikatev vetejatem*". Cuando Moisés pidió que se le excluyera del Libro de la Vida, Moisés estaba pidiendo morir por los pecados del pueblo. La respuesta de Dios fue: "Al que pecare contra mí, a este raeré yo de mi libro". Lo que Dios estaba diciendo era: "No. No funciona de esta manera. Cada hombre debe morir por su propio pecado".

Éxodo 32:30-35 *30 Y aconteció que al día siguiente dijo Moisés al pueblo: Vosotros habéis cometido un gran pecado, pero yo subiré ahora al Eterno; quizá le aplacaré acerca de vuestro pecado. 31 Entonces volvió Moisés al Eterno, y dijo: Te ruego, pues este pueblo ha cometido un gran pecado, porque se hicieron dioses de oro, 32 que perdones ahora su pecado, y si no, ráeme ahora de tu libro que has escrito. 33 Y el Eterno respondió a Moisés: Al que pecare contra mí, a este raeré yo de mi libro. 34 Ve, pues, ahora, lleva a este pueblo a donde te he dicho; he aquí mi ángel irá delante de ti; pero en el día del castigo, yo castigaré en ellos su pecado. 35 Y el Eterno hirió al pueblo, porque habían hecho el becerro que formó Aarón.*

Luego, en Deuteronomio, resume este concepto en un solo verso:

Deuteronomio 24:16 *Los padres no morirán por los hijos, ni los hijos por los padres; cada uno morirá por su pecado.*

Además, la totalidad del capítulo dieciocho de Ezequiel reafirma la idea de que nadie puede morir por el pecado de otra persona. Ezequiel 18 enseña que, para ser perdonados, los seres humanos simplemente deben dejar de hacer lo malo y comenzar a hacer lo bueno. En ninguna parte de Ezequiel 18 dice que se requiere un sacrificio de sangre para el perdón de los pecados.

Ezequiel 18:1-4; 20-24; y 26-27 *Vino a mí palabra del Eterno, diciendo: 2 ¿Qué pensáis vosotros, los que usáis este refrán sobre la tierra de Israel, que dice: Los padres comieron las uvas agrias, y los dientes de los hijos tienen la dentera? 3 Vivo yo, dice el Eterno, que nunca más tendréis por qué usar este refrán en*

Israel. 4 He aquí que todas las almas son mías; como el alma del padre, así el alma del hijo es mía; el alma que pecare, esa morirá.

20 El alma que pecare, esa morirá; el hijo no llevará el pecado del padre, ni el padre llevará el pecado del hijo; la justicia del justo será sobre él, y la impiedad del impío será sobre él. 21 Mas el impío, si se apartare de todos sus pecados que hizo, y guardare todos mis estatutos e hiciere según el derecho y la justicia, de cierto vivirá; no morirá. 22 Todas las transgresiones que cometió, no le serán recordadas; en su justicia que hizo vivirá. 23 ¿Quiero yo la muerte del impío? dice el Eterno. ¿No vivirá, si se apartare de sus caminos? 24 Mas si el justo se apartare de su justicia y cometiere maldad, e hiciere conforme a todas las abominaciones que el impío hizo, ¿vivirá él? Ninguna de las justicias que hizo le serán tenidas en cuenta; por su rebelión con que prevaricó, y por el pecado que cometió, por ello morirá.

26 Apartándose el justo de su justicia, y haciendo iniquidad, él morirá por ello; por la iniquidad que hizo, morirá. 27 Y apartándose el impío de su impiedad que hizo, y haciendo según el derecho y la justicia, hará vivir su alma.

Entonces, la Biblia es clara y consistente y no hay necesidad de interpretación; nadie puede morir por los pecados de otro.

Seamos claros con respecto a lo que esto significa exactamente. Si yo peco, otros pueden sufrir como resultado, pero esto no significa que su sufrimiento me quite la culpa. La única forma en que puedo eliminar mi culpa es arrepintiéndome de los pecados que he cometido. Una generación puede contaminar el aire, y la próxima generación puede tener que respirar ese aire contaminado en sus pulmones, pero la tos y las muertes por cáncer de pulmón no eliminarán la culpa de la generación que contaminó. Una cosa es decir que alguien más sufre como resultado de los pecados de otra persona, pero es una cosa totalmente diferente, y una cosa muy poco bíblica, decir que el sufrimiento o incluso la muerte le quita la culpa y deja sin pecado a otra persona.

Además, una persona puede sacrificar su vida por la vida de otra. Se sabe de soldados que arrojan sus cuerpos sobre una granada de mano viva para salvar la vida de sus compañeros. Sin embargo, esto no significa que la muerte del soldado elimina la culpa de los pecados de los soldados a los que salvó.

Jesús no puede morir por el pecado de nadie más. Jesús no puede morir por los pecados de otra persona porque es antitético a lo que dice la Biblia.

Si una persona comete un asesinato en primer grado, premeditado y a sangre fría, otra persona no puede decirle a la corte: "Yo no cometí este crimen, pero mátenme a mí en lugar de a la persona que lo hizo". Una corte jamás permitiría esto, pero el cristianismo lo hace diciendo que Jesús puede morir por los pecados de otros.

Los discípulos de Jesús también sabían que una persona no podía morir por los pecados de otra y mucho menos por los pecados de la humanidad, ellos no tenían el concepto de un Mesías salvador moribundo. Cuando Jesús trató de explicar que esta era su misión y su definición de lo que significaba ser un Mesías, la respuesta de los discípulos fue de incredulidad, no entendieron y reprendieron a Jesús por decirlo.

> Mateo 16:13-23 *Viniendo Jesús a la región de Cesarea de Filipo, preguntó a sus discípulos, diciendo: ¿Quién dicen los hombres que es el Hijo del Hombre? 14 Ellos dijeron: Unos, Juan el Bautista; otros, Elías; y otros, Jeremías, o alguno de los profetas. 15 Él les dijo: Y vosotros, ¿quién decís que soy yo? 16 Respondiendo Simón Pedro, dijo: Tú eres el Cristo, el*

Hijo del Dios viviente. 17 Entonces le respondió Jesús: Bienaventurado eres, Simón, hijo de Jonás, porque no te lo reveló carne ni sangre, sino mi Padre que está en los cielos. 18 Y yo también te digo, que tú eres Pedro, y sobre esta roca edificaré mi iglesia; y las puertas del Hades no prevalecerán contra ella. 19 Y a ti te daré las llaves del reino de los cielos; y todo lo que atares en la tierra será atado en los cielos; y todo lo que desatares en la tierra será desatado en los cielos. 20 Entonces mandó a sus discípulos que a nadie dijesen que él era Jesús el Cristo. 21 Desde entonces comenzó Jesús a declarar a sus discípulos que le era necesario ir a Jerusalén y padecer mucho de los ancianos, de los principales sacerdotes y de los escribas; y ser muerto, y resucitar al tercer día. 22 Entonces Pedro, tomándolo aparte, comenzó a reconvenirle, diciendo: Señor, ten compasión de ti; en ninguna manera esto te acontezca. 23 Pero él, volviéndose, dijo a Pedro: ¡Quítate de delante de mí, Satanás!; me eres tropiezo, porque no pones la mira en las cosas de Dios, sino en las de los hombres.

Esta historia también se repite tanto en Marcos como en Lucas.

Marcos 8:31-33 31 Y comenzó a enseñarles que le era necesario al Hijo del Hombre padecer mucho, y ser desechado por los ancianos, por los principales sacerdotes y por los escribas, y ser muerto, y resucitar después de tres días. 32 Esto les decía claramente. Entonces Pedro le tomó aparte y comenzó a reconvenirle. 33 Pero él, volviéndose y mirando a los discípulos, reprendió a Pedro, diciendo: ¡Quítate de delante de mí, Satanás! porque no pones la mira en las cosas de Dios, sino en las de los hombres.

Lucas 18:31-34 *Tomando Jesús a los doce, les dijo: He aquí subimos a Jerusalén, y se cumplirán todas las cosas escritas por los profetas acerca del Hijo del Hombre. 32 Pues será entregado a los gentiles, y será escarnecido, y afrentado, y escupido. 33 Y después que le hayan azotado, le matarán; mas al tercer día resucitará. 34 Pero ellos nada comprendieron de estas cosas, y esta palabra les era encubierta, y no entendían lo que se les decía.*

Si los discípulos de Jesús hubieran entendido que el Mesías tenía que morir por los pecados de la humanidad cuando Jesús les declaró su misión, se habrían regocijado y hubieran gritado que su salvación había llegado. ¡En cambio, reprendieron a Jesús por decir tal cosa!

La idea de que una persona podría morir por los pecados de otra y el concepto de un Mesías salvador moribundo no se conocían en el judaísmo incluso en la época de Jesús. Sin embargo, eran conceptos que se encontraban en todo el mundo pagano antiguo.

Capítulo 7

LA NECESIDAD DE UN SACRIFICIO DE SANGRE

En el cristianismo la idea de que se requiere un sacrificio de sangre para el perdón de los pecados es una suposición muy común. Pablo escribe que no hay remisión del pecado sin un sacrificio de sangre:

> Hebreos 9:22 *Y casi todo es purificado, según la ley, con sangre; y sin derramamiento de sangre no se hace remisión.*

Los cristianos creen que uno necesita un sacrificio de sangre para el perdón del pecado y que alguien que no tiene un sacrificio de sangre morirá en sus pecados e irá al infierno. Para los cristianos, el último y único sacrificio de sangre que cuenta para Dios fue la muerte de Jesús. El cristianismo cree que, si uno no acepta la muerte de Jesús como un sacrificio de sangre, entonces esa persona está condenada a una eternidad soportando los castigos del infierno.

> Juan 3:36 *El que cree en el Hijo tiene vida eterna; pero el que rehúsa creer en el Hijo no verá la vida, sino que la ira de Dios está sobre él.*

Sin embargo, esto no es una suposición hecha por la Biblia o por el judaísmo. La relación entre Dios y el hombre nunca se limitó a los sacrificios de animales, ni fue el único medio por el cual un ser humano obtuvo el perdón de Dios por el pecado.

La relevancia de los sacrificios de animales cesó, no con la segunda destrucción del templo por los romanos, sino más bien con la primera destrucción del templo por los babilonios. Hay que tener en cuenta que la gran mayoría de los judíos nunca regresaron a la Tierra Prometida bajo Ciro de Persia. Permanecieron en Babilonia. Cuando Jesús nació, el ochenta por ciento de la comunidad judía del mundo vivía fuera de la Tierra Prometida, y no le importaba el cese de los sacrificios de animales. Cuando se restableció el templo, los judíos de Babilonia hicieron una donación financiera anual para el mantenimiento del templo y la tierra, pero nunca se preocuparon de que Dios no les perdonara sus pecados sin un sacrificio de sangre (al igual que los judíos de todo el mundo hoy en día). No tenían ese temor porque la Biblia deja explícitamente claro que no se necesita sacrificio de sangre para el perdón de los pecados. La Biblia también deja en claro que un sacrificio de animales no es el medio exclusivo para obtener el perdón.

El Libro de Jonás comprueba que los sacrificios de sangre son innecesarios. Jonás trata de escapar de cumplir la voluntad de Dios de predicar al pueblo de Nínive. Después del problema con el gran pez, él se dirige al pueblo de Nínive y les dice cinco palabras (en el hebreo original) como leemos en el tercer capítulo:

Jonás 3:4 *Y comenzó Jonás a entrar por la ciudad, camino de un día, y predicaba diciendo: De aquí a cuarenta días Nínive será destruida.*

Después de que el rey y los súbditos escucharon la breve profecía de Jonás para ellos, ¿qué hicieron?

7 E hizo proclamar y anunciar en Nínive, por mandato del rey y de sus grandes, diciendo: Hombres

y animales, bueyes y ovejas, no gusten cosa alguna;
no se les dé alimento, ni beban agua; 8 sino cúbranse
de cilicio hombres y animales, y clamen a Dios
fuertemente; y conviértase cada uno de su mal camino,
de la rapiña que hay en sus manos. 9 ¿Quién sabe si se
volverá y se arrepentirá Dios, y se apartará del ardor de
su ira, y no pereceremos? 10 Y vio Dios lo que hicieron,
que se convirtieron de su mal camino; y se arrepintió
del mal que había dicho que les haría, y no lo hizo.

En el versículo 10, antes mencionado, Jonás nos dice que Dios vio sus acciones, sus obras, cómo se apartaron de sus malos caminos, y Dios los perdonó. No dice que Dios vio su sacrificio de sangre, porque nunca ofrecieron uno. No dice que fue solo su fe la que los salvó, sino más bien las acciones que los llevó a hacer. Dios vio sus obras. Ayunaron ("Hombres y animales, bueyes y ovejas, no gusten cosa alguna; no se les dé alimento, ni beban agua", Jonás 3:7), oraron ("y clamen a Dios fuertemente", Jonás 3:8), y dejaron de hacer el mal y comenzaron a hacer el bien ("y conviértase cada uno de su mal camino, de la rapiña que hay en sus manos", Jonás 3:8). ¿Cuál fue la respuesta de Dios? Dios los perdona por sus pecados debido a sus acciones ("Y vio Dios lo que hicieron, que se convirtieron de su mal camino; y se arrepintió del mal que había dicho que les haría, y no lo hizo", Jonás 3:10). Por este motivo, los judíos leen el Libro de Jonás cada *Yom Kipur* por la tarde, en el Día de la Expiación, el mismo día de cada año, cuando el judaísmo enfatiza nuestra necesidad de arrepentirnos de nuestros pecados y buscar el perdón de los demás primero, para que podamos buscar y encontrar el perdón de Dios. Y nosotros, los judíos, hacemos lo que hizo el pueblo de Nínive: ayunamos, rezamos, dejamos de pecar y comenzamos a hacer el bien. El Libro de Jonás nos promete que esto es todo lo que Dios necesita para perdonarnos.

Hay muchos otros ejemplos que muestran que un sacrificio de sangre no es necesario para que Dios nos perdone por nuestros pecados. Sin embargo, mostrar solo una instancia en la que Dios no exigió un sacrificio de sangre, como vimos anteriormente en Jonás, demuestra que los sacrificios de sangre no son necesarios para el perdón de los pecados. Esto contrasta fuertemente con la creencia cristiana de que, para ser perdonados por sus pecados, los seres humanos necesitan el sacrificio de sangre de Jesús.

Muchas personas a menudo les dicen a los judíos que siguen siendo culpables de sus pecados, ya que no tienen un templo en el que hacer sacrificios. Afirman que, sin el derramamiento de sangre, no hay perdón, no hay remisión del pecado, como leemos en Hebreos 9:22.

Pero ¿es esto cierto? ¿Debe derramarse sangre para obtener perdón? Aquellos que creen que uno debe tener un sacrificio de sangre para el perdón de los pecados a menudo citan Levítico 17:11, que dice:

> *Porque la vida de la carne en la sangre está, y yo os la he dado para hacer expiación sobre el altar por vuestras almas; y la misma sangre hará expiación de la persona.*

Si fuera cierto que es la sangre que logra la expiación, entonces uno podría creer que es solo a través de un sacrificio que involucra sangre que uno puede obtener perdón por sus pecados. Sin embargo, si leemos todo el verso en contexto, veremos que se refiere a abstenerse de comer la sangre de un sacrificio, y nada más. Dios ordena la abstención de comer o beber sangre porque la mayoría de las otras religiones paganas consumen la sangre de sus sacrificios como una forma de incorporar a sus dioses en sus cuerpos y en sus vidas.

Esto es similar al ritual cristiano de la comunión, donde el cuerpo y la sangre de Jesús se consumen en el vino y en el pan. Sin embargo, la santidad del pueblo de Israel les prohíbe practicar tales rituales paganos y mantener las mismas creencias que sus vecinos paganos. La cita completa de Levítico 17:10-14 dice:

> *10 Si cualquier varón de la casa de Israel, o de los extranjeros que moran entre ellos, comiere alguna*

sangre, yo pondré mi rostro contra la persona que comiere sangre, y la cortaré de entre su pueblo. 11 Porque la vida de la carne en la sangre está, y yo os la he dado para hacer expiación sobre el altar por vuestras almas; y la misma sangre hará expiación de la persona. 12 Por tanto, he dicho a los hijos de Israel: Ninguna persona de vosotros comerá sangre, ni el extranjero que mora entre vosotros comerá sangre. 13 Y cualquier varón de los hijos de Israel, o de los extranjeros que moran entre ellos, que cazare animal o ave que sea de comer, derramará su sangre y la cubrirá con tierra. 14 Porque la vida de toda carne es su sangre; por tanto, he dicho a los hijos de Israel: No comeréis la sangre de ninguna carne, porque la vida de toda carne es su sangre; cualquiera que la comiere será cortado.

Hay muchos ejemplos en la Biblia en que se usan otras cosas, además de la sangre para la expiación de los pecados. Dios permite a los pobres, que son incapaces de pagar un sacrificio de sangre, usar harina, lo cual no tiene ni sangre ni vida.

Levítico 5:11-13 Mas si no tuviere lo suficiente para dos tórtolas, o dos palominos, el que pecó traerá como ofrenda la décima parte de un efa de flor de harina para expiación. No pondrá sobre ella aceite, ni sobre ella pondrá incienso, porque es expiación. 12 La traerá, pues, al sacerdote, y el sacerdote tomará de ella su puño lleno, para memoria de él, y la hará arder en el altar sobre las ofrendas encendidas al Eterno; es expiación. 13 Y hará el sacerdote expiación por él en cuanto al pecado que cometió en alguna de estas cosas, y será perdonado; y el sobrante será del sacerdote, como la ofrenda de vianda.

Si un sacrificio de sangre fuera absolutamente necesario para el perdón del pecado, entonces incluso el hombre pobre habría tenido que traer un sacrificio de sangre por sus pecados. Al permitirle traer harina, sin sangre ni vida, para ser ofrecida, la Biblia establece claramente que un sacrificio de sangre no era absolutamente necesario, aunque fuera, de hecho, una de las formas en que se podía obtener el perdón. Nuevamente, como dijimos anteriormente, si pudiéramos mostrar incluso solo una vez en la Biblia que Dios dio el perdón sin un sacrificio de sangre, entonces eso comprobaría que no era absolutamente necesario para el perdón de Dios. Como ya hemos visto, hubo y hay muchos ejemplos. En el siguiente verso, solo ofrecer incienso era suficiente:

> Números 16:47 *Entonces tomó Aarón el incensario, como Moisés dijo, y corrió en medio de la congregación; y he aquí que la mortandad había comenzado en el pueblo; y él puso incienso, e hizo expiación por el pueblo,*

Y en el verso a continuación, se ofrecen joyas para la expiación, pero no se derrama sangre.

> Números 31:50 *Por lo cual hemos ofrecido al Eterno ofrenda, cada uno de lo que ha hallado, alhajas de oro, brazaletes, manillas, anillos, zarcillos y cadenas, para hacer expiación por nuestras almas delante del Eterno.*

Y en este, se ofrece plata o dinero para la expiación, pero no se derrama sangre:

> Éxodo 30:15-16 *Ni el rico aumentará, ni el pobre disminuirá del medio siclo, cuando dieren la ofrenda al Eterno para hacer expiación por vuestras personas.*

16 Y tomarás de los hijos de Israel el dinero de las expiaciones, y lo darás para el servicio del tabernáculo de reunión; y será por memorial a los hijos de Israel delante del Eterno, para hacer expiación por vuestras personas.

Hay más ejemplos de otros recursos para el perdón de Dios sin tener que recurrir a un sacrificio de sangre.

Otro método superior de expiación es la caridad.

La palabra "caridad" es generalmente la traducción utilizada para la palabra hebrea *tzedaká*. Sin embargo, una traducción más precisa para *tzedaká* sería la palabra "justicia". La caridad y la justicia pueden usarse para obtener el perdón de Dios, como leemos en la Biblia. Esto es algo que se menciona a menudo en el Libro de Proverbios:

10:2 Los tesoros de maldad no serán de provecho; Mas la justicia (tzedaká) libra de muerte.

11:4 No aprovecharán las riquezas en el día de la ira; Mas la justicia (tzedaká) librará de muerte.

16:6 Con misericordia y verdad se corrige el pecado, Y con el temor del Eterno los hombres se apartan del mal.

21:3 Hacer justicia (tzedaká) y juicio es al Eterno Más agradable que sacrificio.

Y como el profeta Daniel le enseñó al rey:

Daniel 4:27 Por tanto, oh rey, acepta mi consejo: tus pecados redime con justicia, y tus iniquidades haciendo misericordias para con los oprimidos, pues tal vez será eso una prolongación de tu tranquilidad.

Basado en estos versículos, es obvio que no se necesita un sacrificio de sangre. En los siguientes versículos, el pecado de Isaías es quitado con brasas:

> Isaías 6:6-7 *Y voló hacia mí uno de los serafines, teniendo en su mano un carbón encendido, tomado del altar con unas tenazas; 7 y tocando con él sobre mi boca, dijo: He aquí que esto tocó tus labios, y es quitada tu culpa, y limpio tu pecado.*

Es cierto que, sin un templo, los judíos no pueden ofrecer ningún tipo de sacrificio de sangre. Es por eso que Dios les dio a los judíos muchos métodos de expiación. Hubo un tiempo en la historia de Israel cuando la gente estaba obsesionada con las ceremonias de sacrificio. Dios los reprendió y les recordó que las leyes de Dios son más importantes que los sacrificios.

> Jeremías 7:22-23 *Porque no hablé yo con vuestros padres, ni nada les mandé acerca de holocaustos y de víctimas el día que los saqué de la tierra de Egipto. 23 Mas esto les mandé, diciendo: Escuchad mi voz, y seré a vosotros por Dios, y vosotros me seréis por pueblo; y andad en todo camino que os mande, para que os vaya bien.*

De todos los métodos que Dios dio a los judíos para obtener la expiación, los sacrificios fueron los más ineficaces. Esto es cierto porque los sacrificios solo expiaban un tipo de pecado. Los cristianos misioneros a menudo tratan de señalar versículos que demuestran la necesidad de sacrificios para lograr la expiación de los pecados. Sin embargo, no mencionan que solo los pecados involuntarios son perdonados con sacrificios de sangre. Tenga en cuenta que todos los versículos citados a continuación hacen referencia solo a los pecados que no fueron intencionales, que se hicieron por ignorancia, y preceden la descripción de un sacrificio de sangre:

>Levítico 4:1-2 *Habló el Eterno a Moisés, diciendo: 2 Habla a los hijos de Israel y diles: Cuando alguna persona pecare por yerro en alguno de los mandamientos del Eterno sobre cosas que no se han de hacer, e hiciere alguna de ellas;*

>Levítico 4:13 *Si toda la congregación de Israel hubiere errado, y el yerro estuviere oculto a los ojos del pueblo, y hubieren hecho algo contra alguno de los mandamientos del Eterno en cosas que no se han de hacer, y fueren culpables;*

>Levítico 4:22 *Cuando pecare un jefe, e hiciere por yerro algo contra alguno de todos los mandamientos del Eterno su Dios sobre cosas que no se han de hacer, y pecare;*

>Levítico 4:27 *Si alguna persona del pueblo pecare por yerro, haciendo algo contra alguno de los mandamientos del Eterno en cosas que no se han de hacer, y delinquiere;*

>Levítico 5:15 *Cuando alguna persona cometiere falta, y pecare por yerro en las cosas santas del Eterno, traerá por su culpa al Eterno un carnero sin defecto de los rebaños, conforme a tu estimación en siclos de plata del siclo del santuario, en ofrenda por el pecado.*

>Levítico 5:18 *Traerá, pues, al sacerdote para expiación, según tú lo estimes, un carnero sin defecto de los rebaños; y el sacerdote le hará expiación por el yerro que cometió por ignorancia, y será perdonado.*

Números 15:22 *Y cuando errareis, y no hiciereis todos estos mandamientos que el Eterno ha dicho a Moisés,*

Números 15:24-29 *si el pecado fue hecho por yerro con ignorancia de la congregación, toda la congregación ofrecerá un novillo por holocausto en olor grato al Eterno, con su ofrenda y su libación conforme a la ley, y un macho cabrío en expiación. 25 Y el sacerdote hará expiación por toda la congregación de los hijos de Israel; y les será perdonado, porque yerro es; y ellos traerán sus ofrendas, ofrenda encendida al Eterno, y sus expiaciones delante del Eterno por sus yerros. 26 Y será perdonado a toda la congregación de los hijos de Israel, y al extranjero que mora entre ellos, por cuanto es yerro de todo el pueblo. 27 Si una persona pecare por yerro, ofrecerá una cabra de un año para expiación. 28 Y el sacerdote hará expiación por la persona que haya pecado por yerro; cuando pecare por yerro delante del Eterno, la reconciliará, y le será perdonado. 29 El nacido entre los hijos de Israel, y el extranjero que habitare entre ellos, una misma ley tendréis para el que hiciere algo por yerro.*

En vista de que el pecado no fue hecho intencionalmente, el sacerdote traía al Eterno una ofrenda hecha por fuego y una ofrenda por el pecado. Todo el pueblo israelita y los extranjeros que vivían entre ellos eran perdonados porque todo el pueblo estaba involucrado en el pecado involuntario.

Sin embargo, si alguien comete un pecado deliberadamente, la persona que cometió el pecado será castigado, y no un animal.

Números 15:30-31 *Mas la persona que hiciere algo con soberbia, así el natural como el extranjero, ultraja al Eterno; esa persona será cortada de en medio de su pueblo. 31 Por cuanto tuvo en poco la palabra del Eterno, y menospreció su mandamiento, enteramente será cortada esa persona; su iniquidad caerá sobre ella.*

Para algunos pecados intencionales, el castigo es severo.

Números 15:32-36 Estando los hijos de Israel en el desierto, hallaron a un hombre que recogía leña en día de reposo. 33 Y los que le hallaron recogiendo leña, lo trajeron a Moisés y a Aarón, y a toda la congregación; 34 y lo pusieron en la cárcel, porque no estaba declarado qué se le había de hacer. 35 Y el Eterno dijo a Moisés: Irremisiblemente muera aquel hombre; apedréelo toda la congregación fuera del campamento. 36 Entonces lo sacó la congregación fuera del campamento, y lo apedrearon, y murió, como el Eterno mandó a Moisés.

Para que alguien expíe un pecado intencionado, debe haber arrepentimiento y restitución. El castigo también es necesario si el pecado se comete intencionalmente.

Éxodo 22:1-14 Cuando alguno hurtare buey u oveja, y lo degollare o vendiere, por aquel buey pagará cinco bueyes, y por aquella oveja cuatro ovejas. 2 Si el ladrón fuere hallado forzando una casa, y fuere herido y muriere, el que lo hirió no será culpado de su muerte. 3 Pero si fuere de día, el autor de la muerte será reo de homicidio. El ladrón hará completa restitución; si no tuviere con qué, será vendido por su hurto. 4 Si fuere hallado con el hurto en la mano, vivo, sea buey o asno u oveja, pagará el doble. 5 Si alguno hiciere pastar en campo o viña, y metiere su bestia en campo de otro, de lo mejor de su campo y de lo mejor de su viña pagará. 6 Cuando se prendiere fuego, y al quemar espinos quemare mieses amontonadas o en pie, o campo, el que encendió el fuego pagará lo quemado. 7 Cuando alguno diere a su prójimo plata o alhajas a guardar, y fuere hurtado de la casa de aquel hombre, si el ladrón fuere hallado, pagará el doble. 8 Si el ladrón no fuere hallado, entonces el dueño de la casa será presentado a los jueces, para que se vea si ha metido su mano en los bienes de su prójimo. 9 En toda clase de fraude, sobre buey, sobre asno, sobre oveja, sobre vestido, sobre toda cosa perdida, cuando alguno dijere: Esto es mío, la causa de ambos vendrá delante de los jueces; y el que los jueces condenaren, pagará el doble a su prójimo. 10 Si alguno hubiere dado a su prójimo asno, o buey, u oveja, o cualquier otro animal a guardar, y este muriere o fuere estropeado, o fuere llevado sin verlo nadie; 11 juramento del Eterno habrá entre ambos, de que no metió su mano a los bienes de su prójimo; y su dueño lo aceptará, y el otro no pagará. 12 Mas si le hubiere sido hurtado, resarcirá a su dueño. 13 Y si le hubiere sido arrebatado por fiera, le traerá testimonio, y no pagará lo arrebatado. 14 Pero si alguno hubiere tomado prestada bestia de su prójimo, y fuere estropeada o muerta, estando ausente su dueño, deberá pagarla.

Levítico 24:21 *El que hiere algún animal ha de restituirlo; mas el que hiere de muerte a un hombre, que muera.*

Números 5:6-7 *Di a los hijos de Israel: El hombre o la mujer que cometiere alguno de todos los pecados con que los hombres prevarican contra el Eterno y delinquen, 7 aquella persona confesará el pecado que cometió, y compensará enteramente el daño, y añadirá sobre ello la quinta parte, y lo dará a aquel contra quien pecó.*

Otros métodos de expiación son superiores al sistema de sacrificio porque pueden utilizarse para obtener el perdón de Dios por cualquier pecado, y no solo los no intencionales. Lo que Dios realmente quiere de nosotros es *Teshuvá*, que significa "arrepentimiento" y "retorno" a Dios.

2 Crónicas 7:14 *si se humillare mi pueblo, sobre el cual mi nombre es invocado, y oraren, y buscaren mi rostro, y se convirtieren de sus malos caminos; entonces yo oiré desde los cielos, y perdonaré sus pecados, y sanaré su tierra.*

Deuteronomio 4:29 *Mas si desde allí buscares al Eterno tu Dios, lo hallarás, si lo buscares de todo tu corazón y de toda tu alma.*

Job 33:26 *Orará a Dios, y este le amará, Y verá su faz con júbilo; Y restaurará al hombre su justicia.*

Salmos 34:14 *Apártate del mal, y haz el bien; Busca la paz, y síguela.*

Salmos 34:18 *Cercano está el Eterno a los quebrantados de corazón; Y salva a los contritos de espíritu.*

El próximo versículo también demuestra que Dios quiere de nosotros un verdadero arrepentimiento y oración, no un sacrificio.

Salmos 51:16-17 *Porque no quieres sacrificio, que yo lo daría; No quieres holocausto. 17 Los sacrificios de Dios son el espíritu quebrantado; Al corazón contrito y humillado no despreciarás tú, oh Dios.*

Hay que recordar que los Salmos fueron escritos para cantar alabanzas a Dios en el templo, en el mismo lugar donde se ofrecían los sacrificios. Los salmistas comprendían muy bien la postura de Dios hacia los sacrificios.

Salmos 40:6 *Sacrificio y ofrenda no te agrada; Has abierto mis oídos; Holocausto y expiación no has demandado.*

Dios simplemente quiere que recemos sinceramente por el perdón. De hecho, la oración reemplaza los sacrificios, tal como Dios lo ordena en Oseas 14:1-2:

Vuelve, oh Israel, al Eterno tu Dios; porque por tu pecado has caído. 2 Llevad con vosotros palabras de súplica, y volved al Eterno, y decidle: Quita toda iniquidad, y acepta el bien, y te ofreceremos la ofrenda de nuestros labios.

Cabe señalar que muchas traducciones cristianas traducen erróneamente este pasaje. El hebreo es bastante claro: *Pa-reem S' fa-tay-nu* que significa "los toros de nuestros labios". En lugar de eso, el hebreo a menudo se traduce erróneamente como si dijera *Pay-rote S' fa-tay-nu,* que significa "el fruto de nuestros labios". Tales traducciones cambian la palabra de Dios. Dios acepta la oración en lugar de los sacrificios, porque los "toros de nuestros labios", los sacrificios que ofrecemos, al igual que los toros, son las oraciones que salen de nuestra boca.

Proverbios 28:13 *El que encubre sus pecados no prosperará; Mas el que los confiesa y se aparta alcanzará misericordia.*

Oseas 6:6 *Porque misericordia quiero, y no sacrificio, y conocimiento de Dios más que holocaustos.*

Todas las citas a continuación provienen de 1 Reyes 8, en el que el rey Salomón dedica el único templo del mundo al único Dios verdadero. A pesar de que el templo debía ser el centro de adoración al único Dios verdadero, y que este debía ser el lugar donde se harían todos los sacrificios a Dios, Salomón mismo sabía que Dios no exigía sacrificios de sangre para el perdón de Dios. Por lo tanto, en la dedicación de este mismo templo, Salomón pide que solo se pida perdón a Dios después de arrepentirse, así Dios perdona. Si Salomón hubiera pensado que un sacrificio de sangre era absolutamente necesario, no habría pedido esto.

1 Reyes 8:38-39 *toda oración y toda súplica que hiciere cualquier hombre, o todo tu pueblo Israel, cuando cualquiera sintiere la plaga en su corazón, y extendiere sus manos a esta casa, 39 tú oirás en los cielos, en el lugar de tu morada, y perdonarás, y actuarás, y darás a cada uno conforme a sus caminos, cuyo corazón tú conoces (porque solo tú conoces el corazón de todos los hijos de los hombres);*

Los gentiles también deben orar directamente a Dios por el perdón de sus pecados, sin la necesidad de un sacrificio.

1 Reyes 8:41-43 *Asimismo el extranjero, que no es de tu pueblo Israel, que viniere de lejanas tierras a causa de tu nombre 42 (pues oirán de tu gran nombre, de tu mano fuerte y de tu brazo extendido), y viniere*

a orar a esta casa, 43 tú oirás en los cielos, en el lugar de tu morada, y harás conforme a todo aquello por lo cual el extranjero hubiere clamado a ti, para que todos los pueblos de la tierra conozcan tu nombre y te teman, como tu pueblo Israel, y entiendan que tu nombre es invocado sobre esta casa que yo edifiqué.

Dios les permite a los gentiles orar directamente a Él, sin la necesidad de un mediador. Dios nunca prohíbe que alguien se acerque a Él. Todo lo que Dios pide es un corazón arrepentido y la voluntad de seguirle a Él.

Sin embargo, recordemos que todo el sistema de sacrificios se centraba en el templo. Salomón continúa:

1 Reyes 8:46-50 Si pecaren contra ti (porque no hay hombre que no peque), y estuvieres airado contra ellos, y los entregares delante del enemigo, para que los cautive y lleve a tierra enemiga, sea lejos o cerca, 47 y ellos volvieren en sí en la tierra donde fueren cautivos; si se convirtieren, y oraren a ti en la tierra de los que los cautivaron, y dijeren: Pecamos, hemos hecho lo malo, hemos cometido impiedad; 48 y si se convirtieren a ti de todo su corazón y de toda su alma, en la tierra de sus enemigos que los hubieren llevado cautivos, y oraren a ti con el rostro hacia su tierra que tú diste a sus padres, y hacia la ciudad que tú elegiste y la casa que yo he edificado a tu nombre, 49 tú oirás en los cielos, en el lugar de tu morada, su oración y su súplica, y les harás justicia. 50 Y perdonarás a tu pueblo que había pecado contra ti, y todas sus infracciones con que se hayan rebelado contra ti, y harás que tengan de ellos misericordia los que los hubieren llevado cautivos;

Esto significa que, si uno hace *Teshuvá*, si uno se arrepiente, si uno reza pidiendo perdón, entonces Dios lo perdonará, y restaurará su integridad, aunque haya pecado.

> Job 33:26-28 *Orará a Dios, y este le amará, Y verá su faz con júbilo; Y restaurará al hombre su justicia. 27 Él mira sobre los hombres; y al que dijere: Pequé, y pervertí lo recto, Y no me ha aprovechado, 28 Dios redimirá su alma para que no pase al sepulcro, Y su vida se verá en luz.*

Dios nos ha mostrado claramente que no se necesita de un sacrificio para la expiación. Dios deja muy en claro a Israel lo que debemos hacer para la expiación, y la idea de que uno debe realizar un sacrificio de sangre para el perdón de los pecados simplemente no es bíblica.

> Miqueas 6:6-8 *¿Con qué me presentaré ante el Eterno, y adoraré al Dios Altísimo? ¿Me presentaré ante él con holocaustos, con becerros de un año? 7 ¿Se agradará el Eterno de millares de carneros, o de diez mil arroyos de aceite? ¿Daré mi primogénito por mi rebelión, el fruto de mis entrañas por el pecado de mi alma? 8 Oh hombre, él te ha declarado lo que es bueno, y qué pide el Eterno de ti: solamente hacer justicia, y amar misericordia, y humillarte ante tu Dios.*

Uno podría preguntar que, si Dios nunca dijo que los sacrificios de sangre eran absolutamente necesarios para el perdón del pecado, entonces, ¿por qué Dios hizo que el sistema de sacrificios fuera tan detallado, y por qué había necesidad de un templo?

El motivo es que, en el mundo antiguo, los paganos sacrificaban cualquier cosa, o cualquier persona, a cualquier dios, en cualquier lugar. Dios quería que un pueblo, Su pueblo, no tuviera que recurrir a los sacrificios de sangre como el medio principal para adorarlo, por lo que apartó a su pueblo de esas prácticas. Sin embargo, esto se debía hacer lentamente a lo largo del tiempo. Primero, limitó los sacrificios de sangre para excluir los sacrificios humanos en Génesis, lo cual aprendemos en el sacrificio de Isaac, y nuevamente en Deuteronomio, Dios llamó al sacrificio humano una abominación hacia Él y algo que Él odia, como veremos en el próximo capítulo. En Levítico, Dios limitó los tipos de animales que podían ser utilizados para sacrificios, y después limitó aún más los sacrificios al afirmar que solo podían hacerse en el templo. Finalmente, Dios se deshizo del templo. Este proceso tomó varios cientos de años, apartando lentamente a los judíos de los sacrificios de sangre.

CAPÍTULO 8

DIOS ACEPTA UN
SACRIFICIO HUMANO

Según los cristianos, Jesús fue un sacrificio de sangre que salvó a todos los seres humanos de sus pecados. Si esto es cierto, hay que considerar quién murió exactamente en la cruz. Si fue Jesús el Dios, los cristianos se ven obligados a explicar cómo Dios pudo morir. Por otro lado, si fue solo Jesús el humano quien murió, los cristianos no tienen más que un sacrificio humano. ¿Y qué dice Dios exactamente sobre el sacrificio humano en la Biblia?

La mayor parte del Deuteronomio se dedica a ordenar a los judíos que no se vuelvan como las personas que habitaban la Tierra Prometida. Hasta Deuteronomio, que es cuando los israelitas se preparan para entrar en la tierra, solo se codean, por así decirlo, con su propia comunidad. Pero una vez que entren a la Tierra Prometida, conocerán a la comunidad indígena. En Deuteronomio, Dios les dice repetidamente a los judíos que no se vuelvan como los idólatras paganos que viven en la tierra. En Deuteronomio 12, Dios les dice que no sean como los que viven en la Tierra Prometida, y explícitamente llama al sacrificio humano algo que odia y que es una abominación para Él.

Deuteronomio 12:30-31 *guárdate que no tropieces yendo en pos de ellas, después que sean destruidas delante de ti; no preguntes acerca de sus dioses, diciendo: De la manera que servían aquellas naciones a sus dioses, yo también les serviré. 31 No harás así al Eterno tu Dios; porque toda cosa abominable que el Eterno aborrece, hicieron ellos a sus dioses; pues aun a sus hijos y a sus hijas quemaban en el fuego a sus dioses.*

En Jeremías, los judíos ya se asemejaban a los pueblos que los rodeaban y se habían involucrado en sacrificios humanos. Aquí en Jeremías, Dios nos dice que el sacrificio humano es un concepto tan horrible que ni siquiera pensó en ordenar algo así:

Jeremías 19:4-6 Porque me dejaron, y enajenaron este lugar, y ofrecieron en él incienso a dioses ajenos, los cuales no habían conocido ellos, ni sus padres, ni los reyes de Judá; y llenaron este lugar de sangre de inocentes. 5 Y edificaron lugares altos a Baal, para quemar con fuego a sus hijos en holocaustos al mismo Baal; cosa que no les mandé, ni hablé, ni me vino al pensamiento. 6 Por tanto, he aquí vienen días, dice el Eterno, que este lugar no se llamará más Tofet, ni valle del hijo de Hinom, sino Valle de la Matanza.

El mismo concepto se encuentra en el Salmo 106 y en Ezequiel 16.

Salmos 106:37-38 Sacrificaron sus hijos y sus hijas a los demonios, 38 Y derramaron la sangre inocente, la sangre de sus hijos y de sus hijas, Que ofrecieron en sacrificio a los ídolos de Canaán, Y la tierra fue contaminada con sangre.

Ezequiel 16:20-21 Además de esto, tomaste tus hijos y tus hijas que habías dado a luz para mí, y los sacrificaste a ellas para que fuesen consumidos. ¿Eran poca cosa tus fornicaciones, 21 para que degollases también a mis hijos y los ofrecieras a aquellas imágenes como ofrenda que el fuego consumía?

A pesar de todo esto, ¿debemos creer ahora que Dios requiere sacrificio humano? ¿Debemos seguir creyendo que Dios quiere el sacrificio de Su propio hijo humano? Después de decirles a los judíos que se mantuvieran alejados de las prácticas paganas y de las creencias paganas, ¿por qué Dios cambiaría de opinión y diría: "Bien, ahora pueden creer en un sacrificio humano, tal y como creen estos paganos? Y no solo eso, ¿sino que, además, el humano en cuya muerte quiero que creas será la de mi propio hijo?" ¿Cuándo cambió Dios de parecer?

Los cristianos definen al Mesías exactamente como los paganos entendieron a sus hombres y dioses y héroes salvadores moribundos. El mundo antiguo está lleno de ejemplos que respaldan esta idea. Muchos dioses nacieron en el invierno, murieron en la primavera y volvieron a la vida, coincidiendo con la creencia de que sus seguidores no morirían, sino que tendrían vida inmortal, porque la muerte del hombre y dios salvador moribundo funciona como un sacrificio para expiar los pecados del pueblo. El mundo pagano está lleno de seres que fueron producto de una madre humana y un padre divino, como Hércules o Dioniso, cuyo padre era Zeus y cuyas madres eran humanas.

Los cristianos enseñan que Jesús fue crucificado en la Pésaj como un cordero, cuya sangre derramada expiaría los pecados del mundo. En el Nuevo Testamento, se representa a Jesús de la siguiente manera:

Juan 1:29 *El siguiente día vio Juan a Jesús que venía a él, y dijo: He aquí el Cordero de Dios, que quita el pecado del mundo.*

Aunque esto debería ser obvio, Jesús era un ser humano, y no un cordero. Los cristianos pueden creer que Jesús también fue Dios, sin embargo, para que hubiera una muerte en la cruz, tuvo que ser Jesús-el-humano el que muriera, y no Jesús-el-Dios, ya que el Único Dios Verdadero no puede morir.

El sacrificio del cordero de la Pascua no es un buen presagio de la muerte de Jesús. El cordero en la Pascua no es un sacrificio por el pecado, pero los cristianos consideran que la muerte de Jesús fue un sacrificio por el pecado. Según la Biblia, el sacrificio del cordero de la Pascua fue para que la sangre del cordero de la Pascua pudiera usarse para marcar los postes de las puertas. De esta manera, Dios sabría qué casa era judía y qué casa no lo era, para la peste del asesinato de los primogénitos (Éxodo 12:13, 23).

Además, el sacrificio de la Pascua, como todos los sacrificios, debía ser sin defecto alguno, como se indica en Éxodo 12:5:

> *El animal será sin defecto, macho de un año; lo tomaréis de las ovejas o de las cabras.*

Jesús habría sido descalificado casi desde su nacimiento porque, según Pablo, Jesús estaba prácticamente castrado. Pablo compara la circuncisión con la castración parcial, y sugiere que aquellos que creen en la circuncisión, que estaban molestando a sus seguidores, no deberían detenerse con la circuncisión, sino terminar el trabajo:

> Gálatas 5:11-12 *Y yo, hermanos, si aún predico la circuncisión, ¿por qué padezco persecución todavía? En tal caso se ha quitado el tropiezo de la cruz. 12 ¡Ojalá se mutilasen los que os perturban!*

De hecho, así se traduce el versículo 12 en la Versión en Inglés Contemporáneo (CEV por sus siglas en inglés):

> *¡Ojalá que todos los que te molestan no sólo se circuncidaran, sino que se cortaran mucho más!*

Además, Jesús fue golpeado o azotado (Mateo 27:26) y se le hizo llevar una corona de espinas (Mateo 27:29) que lo habría hecho inaceptable como cualquier tipo de sacrificio.

Algunos podrían decir que el término "sin defecto" significa que el sacrificio debía ser espiritualmente perfecto, sin pecado. Sin embargo, todos los animales están libres de pecado y no tienen la capacidad de pecar contra Dios. El término "sin defecto", por lo tanto, debe referirse a una perfección física que, para Jesús, habría sido arruinada por los azotes y el uso de una corona de espinas.

Los cristianos creen que Jesús, que era un varón, fue su sacrificio por el pecado de un cordero. No obstante, no se encuentra ningún pasaje en la Torá en el que Dios exija que se sacrifique un cordero macho por los pecados.

Si uno quisiera ofrecer un cordero para un sacrificio por el pecado, tendría que ser hembra:

> Levítico 4:32 *Y si por su ofrenda por el pecado trajere cordero, hembra sin defecto traerá.*

Jesús no era una mujer, mucho menos un cordero hembra. Por lo tanto, Jesús no podía ser una ofrenda por el pecado, ni podría haber sido un sacrificio de sangre por un pecado cometido en ignorancia por la persona común.

> Levítico 4:27-28 *Si alguna persona del pueblo pecare por yerro, haciendo algo contra alguno de los mandamientos del Eterno en cosas que no se han de hacer, y delinquiere; 28 luego que conociere su pecado que cometió, traerá por su ofrenda una cabra, una cabra sin defecto, por su pecado que cometió.*

Jesús tendría que haber sido tanto una hembra como una cabra, pero, en cambio, era varón y humano.

Si Jesús fue un sacrificio por el pecado por ignorancia o un pecado involuntario, no debería haber sido llamado "el cordero de Dios", sino que debería haber sido llamado "la cabra de Dios" y haber sido mujer, ya que Dios, especifica que la ofrenda por el pecado debe ser una cabra hembra.

¿Quizás Jesús no fue un sacrificio por el pecado involuntario, sino por un juramento roto inadvertidamente?:

> Levítico 5:4-6 *O si alguno jurare a la ligera con sus labios hacer mal o hacer bien, en cualquiera cosa que el hombre profiere con juramento, y él no lo entendiere; si después lo entiende, será culpable por cualquiera de estas cosas. 5 Cuando pecare en alguna de estas cosas, confesará aquello en que pecó, 6 y para su expiación traerá al Eterno por su pecado que cometió, una hembra de los rebaños, una cordera o una cabra como ofrenda de expiación; y el sacerdote le hará expiación por su pecado.*

No, una vez más, el sacrificio por el pecado tuvo que haber sido una "hembra de los rebaños, una cordera o una cabra".

En pocas palabras, Jesús habría sido rechazado por Dios, incluso si él, como humano o simplemente la parte humana de él, podría haber sido ofrecido como un sacrificio por el pecado. La Biblia no dice en ningún lugar que la ofrenda por el pecado deba hacerse con un cordero macho. Jesús no era un cordero ni una hembra, era un ser humano y era varón.

Capítulo 9

EL MESÍAS

Tanto los judíos como los cristianos usan el término "Mesías", pero lo que cada fe quiere decir con el término son dos conceptos totalmente diferentes, son mutuamente excluyentes y uno no puede creer en ambos al mismo tiempo. Sin embargo, recordemos que los judíos vinieron primero. El término "Mesías" fue primero un concepto judío antes de que existieran los cristianos.

De hecho, la palabra "mesías" proviene de la palabra hebrea, *mashíaj*, que significa "alguien que ha sido ungido", y el hebreo es el idioma antiguo hablado por el pueblo judío. El concepto del Mesías involucra a un hombre judío que viene al pueblo judío y hace cambios visibles y tangibles en el mundo real. Estos cambios fueron definidos por el pueblo judío basado en la interpretación judía de la Biblia judía. Por lo tanto, el término "Mesías" es un término totalmente judío que refleja un concepto judío, y nadie tiene derecho a cambiar el significado de una palabra acuñada y utilizada por un pueblo, como aprendemos en la siguiente historia:

Los electricistas no arreglan las tuberías

Un hombre llamado Juan estaba sentado en casa leyendo un libro cuando de repente se cortó la luz en un lado de su casa. Por supuesto, lo primero que hizo Juan fue revisar la caja de interruptores afuera, pero no encontró nada malo. Entonces, Juan fue a ver a sus vecinos y les preguntó si conocían a un buen electricista.

Aproximadamente una hora después, sonó el timbre, y cuando Juan abrió la puerta, vio a un hombre parado allí que llevaba los brazos llenos de tubos y llaves inglesas.

— ¡Hola! Mi nombre es Guillermo y soy el electricista al que llamaste. ¡Estoy aquí para arreglar el problema con las tuberías!

— No lo entiendes —dijo Juan sorprendido—. Tengo un problema eléctrico, no un problema de plomería. Mis tuberías están bien, pero necesito un electricista para arreglar la electricidad en mi casa. Los electricistas no reparan las tuberías.

Pero ya era demasiado tarde. El hombre pasó rozando a Juan, entró a la casa, e inmediatamente comenzó a arreglar las tuberías. Trató de apretar las tuberías en la cocina, pero estaban bien. Luego intentó apretar las tuberías en el baño, pero tampoco había nada de malo en ellas. Todas las tuberías que intentó arreglar no necesitaban reparación, así que se marchó.

Tan pronto como el "electricista" se fue, todos los vecinos de Juan vinieron a su casa, y le preguntaron a Juan:

— ¿Verdad que Guillermo es un gran electricista?

— No era electricista —respondió Juan—. Los electricistas no reparan las tuberías y él intentó arreglar las tuberías, pero descubrió que no había nada malo con las tuberías. Desde que Guillermo estuvo aquí no han cambiado ni un poquito. ¡Nada ha cambiado, todavía estoy sin electricidad! ¡Lo que estaba roto antes de que él viniera, sigue roto!

Sin embargo, los vecinos de Juan insistieron en que Guillermo era un gran electricista.

— Oh, no te preocupes por el problema eléctrico, Juan. Guillermo volverá algún día para demostrarte que él era el electricista que estabas esperando, y luego arreglará la electricidad. ¡Pero hasta ese día, debes creer que fue un gran electricista!

Juan tuvo la misma conversación con cada uno de sus vecinos.

— ¿Sabes, Juan? Tú eres el que tiene el problema —finalmente le dijeron sus vecinos—. Debes tener un velo sobre tu mente que te impide ver la verdad, y por eso piensas que un electricista debe arreglar la electricidad, pero eso no es cierto. Tienes una definición incorrecta de la palabra "electricista". El verdadero propósito de un electricista es arreglar las tuberías, y ¡algún día, Juan, verás que realmente fue un gran electricista!

Juan insistió que los electricistas no arreglan las tuberías. Sin embargo, no pudo hacer nada para convencer a sus vecinos de que la verdadera definición de la palabra "electricista" es alguien que soluciona problemas eléctricos.

Juan no pudo convencer a nadie de que Guillermo no era electricista.

Al igual que el electricista en la historia anterior, Jesús vino y se fue, y nada en el mundo cambió a raíz de ello, excepto la fundación de una religión. A pesar de que nosotros, los judíos, creamos el término "Mesías", los cristianos nos dicen que tenemos una definición incorrecta. Lo que los cristianos esperaban de su mesías, Jesús, es lo mismo que, según ellos, los judíos deberíamos haber estado esperando todo el tiempo, tal como los vecinos de Juan pensaron que Juan debería haber esperado que un electricista arreglara la tubería. De la misma manera que Guillermo "el electricista" vino y se fue y los problemas en la casa de Juan permanecieron, Jesús también vino y se fue y los problemas en el mundo también permanecen hasta hoy.

Estos problemas son los mismos problemas que los judíos siempre han entendido que el verdadero Mesías solucionará cuando venga. Nuestros vecinos cristianos pueden decirnos que Jesús era el Mesías, como los vecinos de Juan le dijeron que Guillermo era un gran electricista, pero nuestra definición, la definición original del término "Mesías", no se ha cumplido en absoluto. Todavía esperamos al verdadero Mesías, así como Juan, sentado en la oscuridad, todavía debe estar esperando a un electricista de verdad. Así como los vecinos de Juan le dijeron que Guillermo regresaría en una segunda ocasión para hacer las cosas que Juan esperaba que hiciera la primera vez, los cristianos les dicen a los judíos que Jesús volverá en una segunda venida para hacer todas las cosas que el Verdadero Mesías habría hecho la primera vez.

Entonces, el dilema es decidir qué es un mesías y quién lo decide.

Si hay dos grupos, y cada uno tiene una definición diferente de la misma palabra, ¿qué grupo tiene la definición correcta? Quizás si los dos grupos crearon el término independientemente uno del otro y al mismo tiempo, uno podría decir que ambos tienen derecho a su propia definición. Pero nosotros los judíos vinimos primero y el término "Mesías" es nuestra palabra, y nadie tiene el derecho de venir a decirnos que nuestra definición es incorrecta. Para aquellos que vinieron después a decirnos que nuestra palabra ahora tiene un significado incorrecto, sería como si alguien que no puede hablar español le dijera a una persona hispanohablante que los electricistas arreglan las tuberías.

Como ya sabemos, la palabra "mesías", proveniente de la palabra hebrea *mashíaj*, significa "ungido". Ungir algo es verter aceite sobre ese objeto o persona en el nombre de Dios, dedicándole ritualmente a un propósito o tarea específica en el mundo. Por lo tanto, cualquier cosa ungida es "un" mesías. En la Biblia, muchas cosas y personas están ungidas.

En Éxodo 28:41, Aarón y los sacerdotes están ungidos, lo que significa que cada uno se convierte en un mesías:

> *Y con ellos vestirás a Aarón tu hermano, y a sus hijos con él; y los ungirás, y los consagrarás y santificarás, para que sean mis sacerdotes.*

Los altares a Dios también están ungidos:

> Génesis 28:18 *Y se levantó Jacob de mañana, y tomó la piedra que había puesto de cabecera, y la alzó por señal, y derramó aceite encima de ella.*

Éxodo 29:36 *Cada día ofrecerás el becerro del sacrificio por el pecado, para las expiaciones; y purificarás el altar cuando hagas expiación por él, y lo ungirás para santificarlo.*

El Tabernáculo y el Arca del Pacto, así como todos los utensilios utilizados para ellos, también fueron ungidos:

Éxodo 30:26-29 *Con él ungirás el tabernáculo de reunión, el arca del testimonio, 27 la mesa con todos sus utensilios, el candelero con todos sus utensilios, el altar del incienso, 28 el altar del holocausto con todos sus utensilios, y la fuente y su base. 29 Así los consagrarás, y serán cosas santísimas; todo lo que tocare en ellos, será santificado.*

Éxodo 40:9 *Y tomarás el aceite de la unción y ungirás el tabernáculo, y todo lo que está en él; y lo santificarás con todos sus utensilios, y será santo.*

Levítico 8:10 *Y tomó Moisés el aceite de la unción y ungió el tabernáculo y todas las cosas que estaban en él, y las santificó.*

El *matzá* o pan sin levadura, los sacerdotes y los reyes también eran ungidos:

Levítico 2:4 *Cuando ofrecieres ofrenda cocida en horno, será de tortas de flor de harina sin levadura amasadas con aceite, y hojaldres sin levadura untadas con aceite.*

Éxodo 30:30 *Ungirás también a Aarón y a sus hijos, y los consagrarás para que sean mis sacerdotes.*

1 Samuel 15:1 *Después Samuel dijo a Saúl: el Eterno me envió a que te ungiese por rey sobre su pueblo Israel; ahora, pues, está atento a las palabras del Eterno.*

1 Samuel 16:13 *Y Samuel tomó el cuerno del aceite, y lo ungió en medio de sus hermanos; y desde aquel día en adelante el Espíritu del Eterno vino sobre David. Se levantó luego Samuel, y se volvió a Ramá.*

En los ejemplos anteriores, cada cosa o persona ungida es un mesías. Sin embargo, cuando uno usa el término, "El Mesías", está usando un término inventado por el pueblo judío. Es un concepto judío basado en la interpretación judía de las Escrituras hebreas, es decir, la Biblia judía, acerca de cierto hombre judío que ha de venir a los judíos y que realizará cambios reales, visibles y comprobables en el mundo real, el mundo que uno ve al otro lado de su ventana. El Mesías es un título que indica un trabajo específico, el trabajo para el cual ha sido ungido.

¿Cuál es, exactamente, la definición cristiana de la palabra "Mesías"? Los cristianos creen que el Mesías es alguien que en realidad es Dios, que nace en la tierra como un ser humano, con un ser humano como madre y Dios como padre, y que muere por los pecados de la humanidad. Para los cristianos, Jesús fue el sacrificio de sangre que creen que es necesario para el perdón de los pecados. Estos pecados son los que cometemos por nuestras acciones, pero también el estado de pecaminosidad en el que uno se encuentra, simplemente por ser humano, que se transmitió de generación en generación y comenzó con Adán y Eva cuando pecaron en el jardín del Edén.

Para que el párrafo anterior sea verdadero, hay mucho más en lo que uno tiene que creer, más allá de la simple declaración de que Jesús era el Mesías. Uno tiene que creer que Dios se convirtió en humano, o que un humano puede ser Dios. Uno tiene que creer que una persona puede morir por los pecados de otra. Uno tiene que creer que debe haber un sacrificio de sangre para el perdón de los pecados.

Hay toda una teología detrás de la afirmación de que Jesús era el Mesías según la definición cristiana del término. En otros capítulos de este libro abordamos cada una de estas creencias antibíblicas.

Debemos entender que la definición cristiana del término "Mesías" tiene una mayor conexión con las creencias que los paganos en el mundo antiguo tenían con respecto a sus hombres y dioses salvadores moribundos. ¿Cómo se define el término Mesías entre los cristianos? Lo definen exactamente como los paganos definían a algunos de sus dioses: nacen en el invierno, mueren en la primavera y resucitan. Se creía que sus seguidores no morirían, sino que tendrían una vida inmortal, porque la muerte del dios actuó como un sacrificio por los pecados de la gente. El mundo pagano también estaba lleno de dioses que eran producto de una madre humana y un dios como padre. Como hemos visto en otra parte de este libro, la madre de Hércules era la humana Alcmene, y su padre era Zeus. La madre de Dioniso era la humana Sémele, y su padre también era Zeus.

Cuando los primeros cristianos entraron en las sinagogas para hacer proselitismo, fueron expulsados. No se les permitía quedarse y predicar; fueron rechazados porque su mensaje era pagano, reconocido así por los judíos, y como resultado fueron apartados y separados del pueblo judío. Uno puede ver que los judíos reconocieron el paganismo en la teología cristiana en los primeros escritos cristianos fuera de su Nuevo Testamento.

Justino Mártir (100 - 165) escribió un libro llamado Diálogo con Trifón. Trifón seguía el modelo de los judíos de la época de Justino Mártir, quien "puso en la boca" de Trifón las objeciones judías al cristianismo, con las que Justino estaba familiarizado. El capítulo sesenta y siete de Diálogo con Trifón se titula, en parte, "Trifón compara a Jesús con Perseo". Justino Mártir escribe que Trifón se opone al Cristianismo diciendo[2]:

"Por otra parte, en las llamadas fábulas griegas, se cuenta que Perseo nació de Dánae, siendo esta virgen, pues fluyó a ella en forma

---

[2]   Fuente: www.ccel.org/ccel/schaff/anf01.viii.iv.lxvii.html.

de lluvia de oro, el que entre ellos se llama Zeus. Vergüenza les debería dar a ustedes decir las mismas cosas que ellos, y más [debería] valdría afirmar que ese Jesús ha nacido hombre de entre los hombres y que, si se demuestra por las Escrituras que es el Cristo, deberían creer que mereció ser escogido para Cristo [está bien] por haber vivido conforme a la Ley de manera perfecta. Pero no nos vengan a contar esos prodigios, no sea que den pruebas de ser tan necios como los griegos".

La comparación judía temprana de la teología cristiana con la de Perseo también se encuentra en los escritos de Orígenes (184-254), en su obra, Contra Celsum, capítulo 67[3].

Este reconocimiento de la comparación entre el cristianismo y el paganismo, más que nada, es lo que causó la división entre el judaísmo y el cristianismo, y entre judíos y cristianos.

Además, las cosas que los cristianos afirman que Jesús hizo no son demostrables y solo pueden aceptarse por fe. Por ejemplo, afirman que Jesús nació en Belén, pero no hay certificado de nacimiento. Ellos afirman que Jesús salva a todos de las torturas del infierno, pero ¿cuál es la prueba? Dicen que Jesús realizó milagros, y además afirman que los evangelios son relatos de testigos oculares. Todas estas afirmaciones sobre lo que Jesús hizo deben ser aceptadas a través de la fe. ¿Significa esto que también se deben creer en los relatos de los testigos oculares del Corán, los Vedas del hinduismo y los escritos sobre el Buda? Todas las cosas que los cristianos afirman que Jesús hizo no son demostrables, pero como veremos a continuación, todas las cosas que el verdadero Mesías hará según el judaísmo serán demostrables y perceptibles en el mundo real.

¿Quién se supone que es el Mesías y qué hará cuando llegue aquí?

En primer lugar, los judíos siempre han definido al Mesías como alguien que será totalmente humano, que nacerá de dos padres

---

[3] Consulte http://www.ccel.org/ccel/schaff/anf04.vi.ix.i.lxviii.html

humanos. Pero Jesús, según la teología cristiana, nació de una unión entre una mujer humana y Dios, y no de dos padres humanos. Esto se puede observar en el Libro de Mateo:

> Mateo 1:18 *El nacimiento de Jesucristo fue así: Estando desposada María su madre con José, antes que se juntasen, se halló que había concebido del Espíritu Santo.*

El verdadero Mesías es un descendiente directo del linaje del rey David. Así como alguien que no es de la línea de sangre adecuada no puede convertirse en el rey de Inglaterra, el Mesías no puede ser alguien que no es de la línea de sangre adecuada. El hecho de tener un rey por padre le da derecho a uno a heredar el trono. Actualmente, el príncipe Carlos es el siguiente en la línea para heredar el trono y convertirse en rey de Inglaterra. Si renuncia al trono, su hermano Andrés no hereda el trono, sino que lo hace el primogénito de Carlos, Guillermo. Debido a que David era un rey, el linaje de la realeza solo fue prometido a sus descendientes directos. Esto significa que el Mesías debe ser un descendiente directo del rey David. El rey David tuvo muchos hijos, entre ellos Salomón, quien se convirtió en rey de Israel después del rey David. Por lo tanto, el Mesías también debe ser un descendiente directo del rey David a través del rey Salomón.

> Isaías 11:1-10 *Saldrá una vara del tronco de Isaí; un vástago retoñará de sus raíces 2 y reposará sobre él el espíritu del Eterno: espíritu de sabiduría y de inteligencia, espíritu de consejo y de poder, espíritu de conocimiento y de temor del Eterno.*
>
> *3 Y le hará entender diligente en el temor del Eterno. No juzgará según la vista de sus ojos ni resolverá por lo que oigan sus oídos, 4 sino que juzgará con justicia a los pobres y resolverá con equidad a favor*

de los mansos de la tierra. Herirá la tierra con la vara de su boca y con el espíritu de sus labios matará al impío. 5 Y será la justicia cinto de sus caderas, y la fidelidad ceñirá su cintura. 6 Morará el lobo con el cordero, y el leopardo con el cabrito se acostará; el becerro, el león y la bestia doméstica andarán juntos, y un niño los pastoreará. 7 La vaca pacerá junto a la osa, sus crías se recostarán juntas; y el león, como el buey, comerá paja. 8 El niño de pecho jugará sobre la cueva de la cobra; el recién destetado extenderá su mano sobre la caverna de la víbora. 9 No harán mal ni dañarán en todo mi santo monte, porque la tierra será llena del conocimiento del Eterno, como las aguas cubren el mar. 10 Acontecerá en aquel tiempo que la raíz de Isaí, la cual estará puesta por pendón a los pueblos, será buscada por las gentes; y su habitación será gloriosa.

En la cita anterior, David es la rama de las raíces, y el tallo de la vara de Jesé (Isaí), que era el padre del rey David. La vara es David y el tallo es el Mesías. En las últimas dos líneas, "la raíz de Isaí" se refiere al Mesías. Estos versículos también indican algunas de las cosas específicas que sucederán cuando venga el Mesías. Los humanos se volverán vegetarianos y toda violencia en la tierra se detendrá. La frase "porque la tierra será llena del conocimiento del Eterno" significa que todos los humanos se convertirán en monoteístas y aceptarán al Dios judío, el único Dios, como su Dios. Sin embargo, esto aún no ha sucedido. Así como el electricista no reparó los problemas en la casa de Juan, Jesús no cambió los problemas que existen en el mundo real. Todos los problemas que existían antes de él todavía siguen existiendo hoy. No hizo nada para cumplir lo que significa ser el Mesías, lo que los cristianos admiten cuando inventaron la necesidad de que Jesús regrese en una segunda venida.

Otras citas que explican que el Mesías debe ser un descendiente directo de David se encuentran en los siguientes versículos:

> Jeremías 23:5 *He aquí que vienen días, dice el Eterno, en que levantaré a David renuevo justo, y reinará como Rey, el cual será dichoso, y hará juicio y justicia en la tierra.*

> Ezequiel 34:23-25 *Y levantaré sobre ellas a un pastor, y él las apacentará; a mi siervo David, él las apacentará, y él les será por pastor. 24 Yo el Eterno les seré por Dios, y mi siervo David príncipe en medio de ellos. Yo el Eterno he hablado. 25 Y estableceré con ellos pacto de paz, y quitaré de la tierra las fieras; y habitarán en el desierto con seguridad, y dormirán en los bosques.*

> Ezequiel 37:25 *Habitarán en la tierra que di a mi siervo Jacob, en la cual habitaron vuestros padres; en ella habitarán ellos, sus hijos y los hijos de sus hijos para siempre; y mi siervo David será príncipe de ellos para siempre.*

> Jeremías 30:9 *sino que servirán al Eterno su Dios y a David su rey, a quien yo les levantaré.*

> Jeremías 33:14-15 *He aquí vienen días, dice el Eterno, en que yo confirmaré la buena palabra que he hablado a la casa de Israel y a la casa de Judá. 15 En aquellos días y en aquel tiempo haré brotar a David un Renuevo justo, que actuará conforme al derecho y la justicia en la tierra.*

Oseas 3:4-5 *Porque muchos días estarán los hijos de Israel sin rey, sin príncipe, sin sacrificio, sin estatua, sin efod y sin terafines. 5 Después volverán los hijos de Israel, buscarán al Eterno, su Dios, y a David, su rey; y temerán al Eterno y a su bondad al fin de los días.*

Cada una de las citas anteriores hablan sobre el tiempo en que Dios establecerá a Su Mesías, y en cada caso será un descendiente de David quien reinará.

Pero el linaje de Jesús no puede pasar por su padre humano, según la teología cristiana, ya que el padre de Jesús no era José, el esposo de María. Según la teología cristiana, el padre de Jesús era Dios.

El verdadero Mesías debe ser un descendiente directo del linaje del rey David, solo a través del hijo del rey David, Salomón, y no puede ser adoptado en la línea davídica

En el judaísmo, el linaje se hereda del padre, por lo que, tradicionalmente, se llama a la Torá para una *aliyah* por el nombre del padre de uno. La idea de que el linaje se determina a través del padre se remonta al libro de los Números en la Torá, cuando Dios les dijo a los israelitas que hicieran un censo y que solo contaran a través de los padres:

Números 1:2 *Haced el censo de toda la congregación de los hijos de Israel, por sus familias y por las casas de sus padres, registrando uno por uno los nombres de todos los hombres.*

El Mesías también debe ser capaz de rastrear su linaje a través de su padre humano. Según la teología cristiana, Dios es el padre de Jesús, lo que significa que Jesús no puede rastrear su linaje a través de un padre humano, desde el rey Salomón hasta el rey David. Tanto Mateo como Lucas trazan el linaje de Jesús hasta José, el esposo de María.

Sin embargo, insisten en que Dios, no José, era el padre de Jesús. Si José no era el padre biológico, entonces su linaje es irrelevante porque Jesús no es su descendiente de linaje. Algunos sostienen, sin embargo, que Jesús fue adoptado por José. Incluso si esto es cierto, Jesús todavía no podría ser el Mesías, porque la Biblia dice que el Mesías debe salir del cuerpo de David:

> 2 Samuel 7:12-17 *Y cuando tus días se hayan cumplido y duermas con tus padres, yo levantaré después de ti a uno de tu linaje, el cual saldrá de tus entrañas, y afirmaré su reino. 13 Él edificará una casa para mi nombre, y yo afirmaré para siempre el trono de su reino. 14 Yo seré padre para él, y él será hijo para mí. Si hace mal, yo lo castigaré con vara de hombres, y con azotes de hijos de hombres; 15 pero no apartaré mi misericordia de él como la aparté de Saúl, a quien quité de delante de ti. 16 Tu casa y tu reino permanecerán siempre delante de tu rostro, y tu trono será estable eternamente."17 Así, conforme a todas estas palabras, y conforme a toda esta visión, habló Natán a David.*

La cita a continuación proporciona evidencia adicional de que el Mesías debe ser un descendiente directo de Salomón:

> 1 Crónicas 22:9-10 *Mira que te nacerá un hijo, el cual será hombre de paz, pues yo le haré estar en paz con todos sus enemigos en derredor; por tanto, su nombre será Salomón, y en sus días concederé paz y reposo a Israel. 10 Él edificará una Casa a mi nombre; será para mí un hijo, y yo seré para él un padre; y afirmaré el trono de su reino sobre Israel para siempre.*

A pesar de lo anterior, imaginemos por un momento que el linaje de José podría usarse como el linaje de Jesús. Como se discutió anteriormente, el linaje del Mesías debe rastrearse hasta el rey David a través de su hijo Salomón. Sin embargo, el Evangelio de Lucas remonta el linaje de José al rey David a través de su hijo Natán, el hermanastro de Salomón, como se puede leer en el versículo de Lucas a continuación. Esto sería como si alguien actualmente reclamara el trono de Inglaterra porque es descendiente de Andrés, el hermano del príncipe Carlos, cuando el trono solo puede pasar por el príncipe Carlos y sus descendientes. Esto es otra razón más por la que Jesús no puede ser el Mesías, aunque los cristianos se aferran a su afirmación de que su linaje puede rastrearse a través de José:

> Lucas 3:31-32 *hijo de Melea, hijo de Mainán, hijo de Matata, hijo de Natán, 32 hijo de David, hijo de Isaí, hijo de Obed, hijo de Booz, hijo de Salmón, hijo de Naasón,*

El verdadero Mesías no puede ser un descendiente de Joacim, Jeconías o Salatiel

Ciertas personas fueron excluidas de ser herederos del trono del rey David. Joacim enfureció tanto a Dios que Dios declaró que ninguno de sus descendientes podría sentarse en el trono del rey David y gobernar sobre Judá, como lo hará el verdadero Mesías. Los siguientes versículos muestran que los descendientes de Joacim incluyen a Salatiel:

> 1 Crónicas 3:15-17 *Y los hijos de Josías: Johanán, su primogénito; el segundo fue Joacim, el tercero, Sedequías, el cuarto, Salum. 16 Los descendientes de Joacim fueron Jeconías y Sedequías. 17 Y los hijos de Jeconías: Asir, Salatiel,*

Hay otros versículos que hacen referencia a la maldición impuesta a estos descendientes específicos. En el siguiente ejemplo, Dios les dice a los demás que no sientan pena por Joacim porque haber sido maldecido:

> Jeremías 22:18 *Por tanto, así ha dicho el Eterno acerca de Joacim hijo de Josías, rey de Judá: No lo llorarán, diciendo: "¡Ay, hermano mío!" y "¡Ay, hermana!", ni lo lamentarán, diciendo: "¡Ay, señor! ¡Ay, majestad!"*

Dios también declara que todos los descendientes de Joacim están malditos, independientemente de su valor individual:

> Jeremías 22:24 *¡Vivo yo, dice el Eterno, que si Conías hijo de Joacim, rey de Judá, fuera anillo en mi mano derecha, aun de allí te arrancaría!*

El siguiente versículo presenta la maldición que Dios impuso a Joacim:

> Jeremías 22:30 *Así ha dicho el Eterno: «Inscribid a este hombre como privado de descendencia, como un hombre sin éxito en todos sus días, porque ninguno de su descendencia logrará sentarse sobre el trono de David, ni reinar sobre Judá.*

La maldición sobre Joacim es muy importante porque, de acuerdo con Mateo 1:11-12 y Lucas 3:27, Jesús es un descendiente de este hombre maldito a través de Salatiel. Ambos libros del Nuevo Testamento explican que Jesús es descendiente de Salatiel, quien es nieto de Joacim. Por lo tanto, la maldición puesta sobre Joacim también aplica a Jesús, descendiente de Salatiel, hijo de Jeconías quien, a su vez, era el hijo de Joacim, lo que significa que Jesús no puede ser el Mesías:

> Mateo 1:11-12 *Josías engendró a Jeconías y a sus hermanos, en el tiempo de la deportación a Babilonia. 12 Después de la deportación a Babilonia, Jeconías engendró a Salatiel, y Salatiel a Zorobabel.*

> Lucas 3:27 *hijo de Joana, hijo de Resa, hijo de Zorobabel, hijo de Salatiel, hijo de Neri,*

Los cristianos sabían que había un problema con el linaje de Jesús desde el principio, y por ese motivo, Pablo les dice a los primeros cristianos que ignoren los problemas con las genealogías de Jesús cuando escribió:

> 1 Timoteo 1:4 *ni presten atención a fábulas y genealogías interminables (que acarrean discusiones más bien que edificación de Dios, que es por fe), así te encargo ahora.*

> Tito 3:9 *Pero evita las cuestiones necias, como genealogías, contiendas y discusiones acerca de la Ley, porque son vanas y sin provecho.*

Algunos pueden decir que la maldición sobre Joacim fue levantada porque un descendiente suyo se convirtió en el gobernador de Judea. Sin embargo, el texto de la maldición dice que sus descendientes no se sentarán en el trono de David. La maldición significa que nunca tendrán soberanía completa sobre la Tierra Prometida. Al ser solo un gobernador, designado por un gobierno diferente al suyo, ningún descendiente de Joacim tuvo soberanía, tal como lo prometió la maldición.

¿Cuál es la tarea para la que el Mesías fue ungido?

El verdadero Mesías hará cambios en el mundo real, cambios que uno puede ver, percibir y probar. Es para esta tarea que el verdadero Mesías ha sido ungido en primer lugar, de ahí el término, Mesías, uno que está ungido. Estos cambios que se podrán ver y percibir en el mundo real incluyen los siguientes:

1. Anunciando al Mesías, y con los mismos objetivos que este, aparece Elías

El Mesías tiene una descripción de trabajo específica, que la Biblia explica en detalle. El profeta Elías, que anunciará la venida del Mesías, tiene los mismos objetivos que el Mesías. El siguiente versículo explica que tanto Elías, como el Mesías, unirán más a las familias:

> Malaquías 4:5-6 *Yo os envío al profeta Elías antes que venga el día del Eterno, grande y terrible. 6 Él hará volver el corazón de los padres hacia los hijos, y el corazón de los hijos hacia los padres, no sea que yo venga y castigue la tierra con maldición.*

Sin embargo, en Mateo 10:34-37, Jesús dice que no viene para traer paz, sino para poner a los miembros de las familias unos contra otros para que sus enemigos sean las personas de su propia casa:

> *No penséis que he venido a traer paz a la tierra; no he venido a traer paz, sino espada, 35 porque he venido a poner en enemistad al hombre contra su padre, a la hija contra su madre y a la nuera contra su suegra. 36 Así que los enemigos del hombre serán los de su casa. 37 El que ama a padre o madre más que a mí, no es digno de mí; el que ama a hijo o hija más que a mí, no es digno de mí;*

Además, Malaquías más arriba nos dice que Elías volverá antes de la venida del Mesías. Aunque Jesús afirmó que Juan el Bautista era Elías, Juan el Bautista no sabía que él era Elías:

> Mateo 11:12-14 *Desde los días de Juan el Bautista hasta ahora, el reino de los cielos sufre violencia, y los violentos lo arrebatan. 13 Todos los profetas y la Ley profetizaron hasta Juan. 14 Y si queréis recibirlo, él es aquel Elías que había de venir.*

> Juan 1:19-21 *Él confesó y no negó. Confesó:*

> —*Yo no soy el Cristo. 21 Y le preguntaron:*

> —*¿Qué, pues? ¿Eres tú Elías?*

> *Dijo:* —*No soy.*

> —*¿Eres tú el Profeta?*

> *Y respondió:* —*No.*

También es interesante notar que, aunque Juan el Bautista había bautizado a Jesús, reconociendo instantáneamente a Jesús como el Mesías, ocho capítulos más tarde en Mateo, Juan el Bautista no estaba seguro. En Mateo 3:13-15, Juan era reacio a bautizar a Jesús porque reconoció quién era:

> *Entonces Jesús vino de Galilea al Jordán, donde estaba Juan, para ser bautizado por él. 14 Pero Juan se le oponía, diciendo:* —*Yo necesito ser bautizado por ti, ¿y tú acudes a mí? 15 Jesús le respondió:* —*Permítelo ahora, porque así conviene que cumplamos toda justicia. Entonces se lo permitió.*

Pero en Mateo 11:2-3, Juan parece haber olvidado que antes había reconocido a Jesús como el Mesías esperado:

> *Al oír Juan en la cárcel los hechos de Cristo, le*
> *envió dos de sus discípulos 3 a preguntarle: —¿Eres tú*
> *aquel que había de venir o esperaremos a otro?*

2. La dinastía del rey David se restablece a través de los propios hijos del Mesías, que reinan sobre toda la tierra

Para restablecer la dinastía del rey David y permitir que esa dinastía continúe, el Mesías tendrá hijos que gobernarán después de su muerte.

> Daniel 7:13-14 *Miraba yo en la visión de la noche,*
> *y vi que con las nubes del cielo venía uno como un hijo*
> *de hombre; vino hasta el Anciano de días, y lo hicieron*
> *acercarse delante de él. 14 Y le fue dado dominio, gloria*
> *y reino, para que todos los pueblos, naciones y lenguas*
> *lo sirvieran; su dominio es dominio eterno, que nunca*
> *pasará; y su reino es uno que nunca será destruido.*

Sin embargo, Jesús no tuvo hijos a través de los cuales se pueda restablecer esta dinastía.

3. Hay paz entre todas las naciones, entre todos los pueblos y entre todos los individuos

Los siguientes versículos demuestran las formas en que el Mesías traerá la paz. No habrá guerra y todas las armas serán destruidas.

> Isaías 2:2-4 *Acontecerá en lo postrero de los*
> *tiempos, que será confirmado el monte de la casa del*

Eterno como cabeza de los montes, y será exaltado sobre los collados, y correrán a él todas las naciones. 3 Y vendrán muchos pueblos, y dirán: Venid, y subamos al monte del Eterno, a la casa del Dios de Jacob; y nos enseñará sus caminos, y caminaremos por sus sendas. Porque de Sion saldrá la ley, y de Jerusalén la palabra del Eterno. 4 Y juzgará entre las naciones, y reprenderá a muchos pueblos; y volverán sus espadas en rejas de arado, y sus lanzas en hoces; no alzará espada nación contra nación, ni se adiestrarán más para la guerra.

Miqueas 4:1-4 *Acontecerá en los postreros tiempos que el monte de la casa del Eterno será colocado a la cabeza de los montes, más alto que los collados, y acudirán a él los pueblos. 2 Vendrán muchas naciones, y dirán: "Venid, subamos al monte del Eterno, a la casa del Dios de Jacob; él nos enseñará en sus caminos y andaremos por sus veredas", porque de Sión saldrá la Ley, y de Jerusalén la palabra del Eterno. 3 Él juzgará entre muchos pueblos y corregirá a naciones poderosas y lejanas. Ellos convertirán sus espadas en azadones y sus lanzas en hoces. Ninguna nación alzará la espada contra otra nación ni se preparará más para la guerra. 4 Se sentará cada uno debajo de su vid y debajo de su higuera, y no habrá quien les infunda temor. ¡La boca del Eterno de los ejércitos ha hablado!*

Ezequiel 39:9 *Los habitantes de las ciudades de Israel saldrán y encenderán fuego para quemar armas, escudos, paveses, arcos y saetas, dardos de mano y lanzas. Harán fuego con ellos durante siete años.*

Obviamente, la paz mundial aún no es una realidad. Además, Jesús dijo en Mateo 10:34 (mencionado anteriormente), que su propósito al venir era traer una espada, y no la paz. De todas las cosas que los judíos han anhelado durante milenios, la paz es primordial y se reza por ella a menudo dentro del libro tradicional de oración judía. Como no hay paz, y como Jesús dijo que nunca tuvo la intención de traer paz, Jesús claramente no era el Mesías.

4. El mundo se vuelve vegetariano

Si la violencia no puede existir, el consumo de carne no puede existir, porque matar al animal requiere violencia contra él para quitarle la vida y matarlo. Por lo tanto, todos los seres humanos y animales se volverán vegetarianos, como leemos en Isaías:

> Isaías 11:6-9 *Morará el lobo con el cordero, y el leopardo con el cabrito se acostará; el becerro, el león y la bestia doméstica andarán juntos, y un niño los pastoreará. 7 La vaca pacerá junto a la osa, sus crías se recostarán juntas; y el león, como el buey, comerá paja. 8 El niño de pecho jugará sobre la cueva de la cobra; el recién destetado extenderá su mano sobre la caverna de la víbora. 9 No harán mal ni dañarán en todo mi santo monte, porque la tierra será llena del conocimiento del Eterno, como las aguas cubren el mar.*

5. Todas las armas de guerra son destruidas

Todas las armas de guerra serán destruidas, ya sean quemadas en un incendio o enterradas:

> Ezequiel 39:9 *Los habitantes de las ciudades de Israel saldrán y encenderán fuego para quemar*

armas, escudos, paveses, arcos y saetas, dardos de mano
y lanzas. Harán fuego con ellos durante siete años.

Ezequiel 39:12 *Y la casa de Israel los estará*
enterrando durante siete meses, para purificar el país.

6. Los gentiles se convierten al judaísmo, o al menos al monoteísmo

Cuando venga el Mesías, Dios establecerá un nuevo pacto con los judíos que se distinguirá del anterior. El pacto existente requiere que las personas busquen en la Biblia lo que Dios quiere de ellos. El nuevo pacto existirá en los corazones de las personas, de modo que todo lo que deben hacer es mirar dentro de sí mismos. Dios ya habrá plantado allí lo que quiere de la gente. Además, la misionización será innecesaria porque todas las personas inherentemente conocerán a Dios.

Los siguientes versículos son comúnmente citados por misioneros cristianos porque se refieren a un "nuevo pacto", y esto se discute ampliamente en la Parte II de este libro.

Jeremías 31:31-34 *Vienen días, dice el Eterno, en*
los cuales haré un nuevo pacto con la casa de Israel y
con la casa de Judá. 32 No como el pacto que hice con
sus padres el día en que tomé su mano para sacarlos de
la tierra de Egipto; porque ellos invalidaron mi pacto,
aunque fui yo un marido para ellos, dice el Eterno.
33 Pero éste es el pacto que haré con la casa de Israel
después de aquellos días, dice el Eterno: Pondré mi ley
en su mente y la escribiré en su corazón; yo seré su Dios
y ellos serán mi pueblo. 34 Y no enseñará más ninguno
a su prójimo, ni ninguno a su hermano, diciendo:
"Conoce al Eterno", porque todos me conocerán, desde

*el más pequeño de ellos hasta el más grande, dice el
Eterno. Porque perdonaré la maldad de ellos y no me
acordaré más de su pecado.*

Muchos cristianos creen que los versículos anteriores son una
profecía del Nuevo Testamento cristiano. Sin embargo, si el nuevo
pacto ya existe hoy en día, los cristianos ya no tendrían que hacer
misiones y las personas no tendrían que leer la Biblia (ni ningún otro
libro) porque ya sabrían lo que Dios quiere de ellos. Es obvio que
el pacto descrito en estos versículos aún no se ha hecho. El nuevo
pacto se hará con los judíos, no con los gentiles, y será a través de los
judíos que todas las demás personas aprenderán lo que Dios quiere
de ellos. Mientras la gente tenga que hacer misiones para que otros
se adhieran a sus creencias, el nuevo pacto no se ha hecho.

7. Existe un reconocimiento universal de que la idea judía de Dios es Dios

El Libro de Isaías contiene la misma idea básica de que el
mundo se volverá completamente judío o, al menos, completamente
monoteísta.

> Isaías 11:9 *No harán mal ni dañarán en todo
> mi santo monte, porque la tierra será llena del
> conocimiento del Eterno, como las aguas cubren el mar.*

De la misma manera que el fondo del mar está cubierto por
agua, el conocimiento de Dios cubrirá a todas las personas en toda
la tierra.

> Zacarías 14:9 *Y El Eterno será rey sobre toda la
> tierra. En aquel día, el Eterno será único, y único será
> su nombre.*

La siguiente cita se refiere a la festividad judía de Sucot, la fiesta de los tabernáculos, y proporciona una explicación de por qué algunos cristianos celebran *Sucot* hoy en día. Según la Biblia, cuando venga el Mesías, el mundo entero celebrará esta fiesta. Debido a que los cristianos creen que el Mesías ya ha venido en Jesús, algunos celebran este día santo judío.

> Zacarías 14:16 *Todos los que sobrevivan de las naciones que vinieron contra Jerusalén, subirán de año en año para adorar al Rey, al Eterno de los ejércitos, y para celebrar la fiesta de los Tabernáculos.*

8. Los judíos son buscados para ser guía espiritual

Después de que llegue el Mesías, todas las naciones de la tierra buscarán el consejo de los judíos.

> Zacarías 8:23 *Así ha dicho el Eterno de los ejércitos: En aquellos días acontecerá que diez hombres de las naciones de toda lengua tomarán del manto a un judío, y le dirán: "Iremos con vosotros, porque hemos oído que Dios está con vosotros."*

9. Hay un fin para todas las formas de idolatría

> Zacarías 13:2 *Y en aquel día, dice el Eterno de los ejércitos, quitaré de la tierra los nombres de las imágenes, y nunca más serán recordados; también exterminaré de la tierra a los profetas y al espíritu de inmundicia.*

Sin embargo, el mundo sigue sumido en la idolatría.

10. Hay una reunión de las doce tribus

El Mesías también juntará a los judíos que se encuentran dispersos en diferentes partes del mundo, y los traerá a su tierra, la Tierra Prometida que Dios les dio, la Tierra de Israel.

> Ezequiel 36:24 *Y yo os tomaré de las naciones, os recogeré de todos los países y os traeré a vuestro país.*

> Isaías 43:5-6 *No temas, porque yo estoy contigo; del oriente traeré tu descendencia y del occidente te recogeré. 6 Diré al norte: "¡Da acá!", y al sur: "¡No los retengas; trae de lejos a mis hijos, y a mis hijas de los confines de la tierra,*

Sin embargo, muchas de las diez tribus permanecen perdidas, y no todos los judíos viven en Israel.

11. El templo es reconstruido

El templo, construido por primera vez por el rey Salomón, destruido por los babilonios, reconstruido bajo Ciro de Persia, pero nuevamente destruido por los romanos, será reconstruido:

> Isaías 2:2 *Acontecerá que al final de los tiempos será confirmado el monte de la casa del Eterno como cabeza de los montes; será exaltado sobre los collados y correrán a él todas las naciones.*

> Ezequiel 37:26-28 *Haré con ellos un pacto de paz; un pacto perpetuo será con ellos. Yo los estableceré y los multiplicaré, y pondré mi santuario entre ellos para siempre. 27 Estará en medio de ellos mi tabernáculo; yo seré el Dios de ellos, y ellos serán mi pueblo. 28 Y*

sabrán las naciones que yo, el Eterno, santifico a Israel,
pues mi santuario estará en medio de ellos para siempre.

Sin embargo, el templo aún no se ha reconstruido.

12. El hambre deja de existir

Ezequiel 36:29-30 *Yo os guardaré de todas vuestras*
impurezas. Llamaré al trigo y lo multiplicaré, y no os
expondré más al hambre. 30 Multiplicaré asimismo el
fruto de los árboles y el fruto de los campos, para que
nunca más recibáis oprobio de hambre entre las naciones.

Sin embargo, todos los días la gente sigue muriendo de hambre.

13. La muerte deja de existir

En algún momento después de que venga el Mesías, la muerte
dejará de ocurrir y habrá un juicio final de todas las personas.

Isaías 25:8 *Destruirá a la muerte para siempre,*
y enjugará el Eterno el Señor las lágrimas de todos los
rostros y quitará la afrenta de su pueblo de toda la
tierra; porque el Eterno lo ha dicho.

Sin embargo, las personas continúan muriendo todos los días.

14. Los muertos resucitan

El profeta Isaías sabe que la resurrección de los muertos no
tendrá lugar durante su propia vida, pero explica que un día los
hombres muertos (incluido él) volverán a vivir.

Isaías 26:19 *Tus muertos vivirán; sus cadáveres resucitarán. ¡Despertad y cantad, moradores del polvo! porque tu rocío es cual rocío de hortalizas, y la tierra entregará sus muertos.*

En la siguiente cita, Daniel habla de un juicio final que, según el judaísmo, no tiene nada que ver con el infierno. La vergüenza y el desprecio a los que se refiere no significa sufrimiento eterno y tortura. Por ejemplo, Adolf Hitler es un nombre que se considera siempre con desprecio. Aunque no sufra una tortura eterna, su nombre, su imagen, su vida, son el ejemplo de lo que otros seres humanos no deberían hacer.

Daniel 12:2 *Muchos de los que duermen en el polvo de la tierra serán despertados: unos para vida eterna, otros para vergüenza y confusión perpetua.*

Ezequiel 37:12-13 *Por tanto, profetiza, y diles que así ha dicho el Eterno, el Señor: Yo abro vuestros sepulcros, pueblo mío; os haré subir de vuestras sepulturas y os traeré a la tierra de Israel. 13 Y sabréis que yo soy el Eterno, cuando abra vuestros sepulcros y os saque de vuestras sepulturas, pueblo mío.*

Isaías 43:5-6 *No temas, porque yo estoy contigo; del oriente traeré tu descendencia y del occidente te recogeré. 6 Diré al norte: "¡Da acá!", y al sur: "¡No los retengas; trae de lejos a mis hijos, y a mis hijas de los confines de la tierra,*

15. Todas las demás naciones ayudan económicamente a los judíos

Cuando llegue el Mesías, las naciones de la tierra darán a los judíos su riqueza, de la misma manera que los Egipcios dieron su riqueza a los esclavos hebreos en el Éxodo.

Isaías 60:5-6 *Entonces lo verás y resplandecerás. Se maravillará y ensanchará tu corazón porque se habrá vuelto a ti la abundancia del mar y las riquezas de las naciones habrán llegado hasta ti. 6 Multitud de camellos te cubrirá y dromedarios de Madián y de Efa. Vendrán todos los de Sabá trayendo oro e incienso, y publicarán las alabanzas del Eterno.*

Isaías 60:10-12 *Extranjeros edificarán tus muros y sus reyes estarán a tu servicio, porque en mi ira te castigué, mas en mi buena voluntad tendré de ti misericordia. 11 Tus puertas estarán de continuo abiertas: no se cerrarán de día ni de noche, para que a ti sean traídas las riquezas de las naciones y conducidos hasta ti sus reyes, 12 porque la nación o el reino que no quiera servirte, perecerá; del todo será asolado.*

Isaías 61:6 *Vosotros seréis llamados sacerdotes del Eterno, ministros de nuestro Dios seréis llamados. Comeréis las riquezas de las naciones y con su gloria seréis enaltecidos.*

16. El pueblo judío se caracteriza por una felicidad y una alegría eterna

Isaías 51:11 *Ciertamente volverán los redimidos del Eterno; volverán a Sión cantando y gozo perpetuo habrá sobre sus cabezas. Tendrán gozo y alegría, y huirán el dolor y el gemido.*

17. El río egipcio se seca

Isaías 11:15 *Secará el Eterno la lengua del mar de Egipto y con el poder de su aliento levantará su mano sobre el río; lo herirá en sus siete brazos y hará que pasen por él con sandalias.*

18. Los árboles producen sus frutos mensualmente en Israel

Ezequiel 47:12 *Y junto al río, en la ribera, a uno y otro lado, crecerá toda clase de árboles frutales; sus hojas nunca caerán ni faltará su fruto. A su tiempo madurará, porque sus aguas salen del santuario. Su fruto será para alimento y su hoja para medicina.*

19. Cada tribu de Israel recibe su herencia

Cada tribu volverá a la parte de la Tierra Prometida que les fue prometida a ellos y a sus antepasados.

Ezequiel 47:13-14 *Así ha dicho el Eterno, el Señor: Éstos son los límites según los cuales repartiréis la tierra por heredad entre las doce tribus de Israel. José tendrá dos partes. 14 La heredaréis tanto los unos como los otros; por ella alcé mi mano para jurar que la había de dar a vuestros padres; por tanto, ésta será la tierra de vuestra heredad.*

20. Todas las naciones de la tierra reconocerán sus pecados contra los judíos

Las naciones de la tierra reconocerán que se han equivocado, que los judíos han estado en lo cierto y que los pecados de las naciones gentiles, sus persecuciones y los asesinatos de judíos que cometieron, han sido soportados por el pueblo judío. Esto se muestra en el famoso pasaje de Isaías 53, y se discute en detalle en la Parte II de este libro.

Estas son la mayoría de las cosas que componen la descripción de las tareas del Mesías por el cual será ungido, aquellas cosas que sucederán cuando venga el Mesías. Ninguna de estas cosas ha ocurrido todavía, lo que significa que el Mesías aún no ha llegado. Incluso los cristianos reconocen que nada de lo anterior ha sucedido todavía. Por eso el cristianismo inventó la idea de una segunda venida. El verdadero Mesías no tiene necesidad de venir por segunda vez para hacer las cosas que debía hacer la primera vez. El verdadero Mesías cumplirá estas tareas en su propia vida.

Recordemos la historia al comienzo de este capítulo, sobre el electricista que entró en la casa de Juan, no cambió absolutamente nada y luego se marchó. Los judíos crearon el término Mesías, y los judíos definieron el término. Como dijimos anteriormente, para que alguien más se presente ante los judíos y diga que esta definición es incorrecta, y que el Mesías debe morir por nuestros pecados (un concepto antibíblico), es como si alguien que no hable español dijera que un electricista es una persona que repara las tuberías.

Capítulo 10

LA DEFINICIÓN DE UN JUDÍO

Muchas personas, tanto cristianos como algunos judíos, creen erróneamente que, así como uno puede ser de raza negra y cristiano, o asiático y cristiano, uno también puede ser judío y cristiano. Esta creencia no es cierta porque los judíos no son una raza. No existe un código genético que pase de la madre o del padre al hijo que lo convierta en judío. Los descubrimientos recientes de códigos genéticos comunes encontrados en los judíos solo muestran que los antepasados de una persona probablemente eran judíos, pero esto no hace que esa persona sea judía. A pesar de que uno no puede convertirse en miembro de una raza (no puede convertirse en alguien de raza asiática o negra), quien se convierte al judaísmo sí puede convertirse completamente en judío.

El hecho de que alguien que no haya nacido judío pueda llegar a serlo convirtiéndose al judaísmo puede verse en la Biblia. En el Libro de Ester, se nos dice que muchos persas se convirtieron en judíos:

> Ester 8:17 *En cada provincia y en cada ciudad adonde llegó el mandamiento del rey, los judíos tuvieron alegría y gozo, banquete y día de placer. Y muchos de entre los pueblos de la tierra se hacían judíos, pues el temor de los judíos se había apoderado de ellos.*

Algunos creían que, para ser verdaderamente judío, uno tenía que ser miembro de la tribu de Judá, ya que la palabra en inglés *Jew* (judío) deriva de la palabra *Judah* (Judá). Pero el Libro de Ester también desmiente este mito. El Libro de Ester llama a Mardoqueo, que era de la tribu de Benjamín, un judío:

> Ester 2:5 *En Susa, la residencia real, había un judío cuyo nombre era Mardoqueo hijo de Jair hijo de Simei, hijo de Cis, del linaje de Benjamín;*

La Biblia es clara, uno no necesita ser de la tribu de Judá para ser llamado judío, y uno puede convertirse al judaísmo y convertirse en judío. Del mismo modo, si uno se convierte del judaísmo a otra fe, ya no es judío.

Cuando el mundo no judío afirma que alguien que era judío, pero que se convirtió al cristianismo puede retener la "cultura y etnia judía", uno debe preguntarse: ¿Qué cultura judía? ¿Qué etnia judía? La cultura y el origen étnico de un judío de Marruecos tiene poco en común con el origen étnico y la cultura de un judío de Europa del Este. Sin embargo, ambos son judíos porque su fe, su judaísmo, es la misma.

De ahí se concluye que, al igual que muchas personas se convierten al judaísmo y se convierten en judíos, aquellos que abandonan el judaísmo dejan de ser judíos. La prueba bíblica de esto se encuentra en 1 Reyes 18:21, donde el profeta Elías se dirige a los judíos, quienes comenzaban a practicar la adoración de Baal.

> 1 Reyes 18:21 *Entonces Elías, acercándose a todo el pueblo, dijo: —¿Hasta cuándo vacilaréis vosotros entre dos pensamientos? Si el Eterno es Dios, seguidle; si Baal, id en pos de él. Y el pueblo no respondió palabra.*

El punto de Elías es que las personas deben elegir una u otra idea, porque no pueden creer simultáneamente en dos ideas opuestas, mutuamente excluyentes. El judaísmo y el cristianismo creen en ideas opuestas, mutuamente excluyentes. No puedes ser judío y creer que Jesús fue el Mesías al mismo tiempo (ver Capítulo 9 sobre el Mesías). Hay quienes nacieron judíos, pero aceptaron a Jesús. Pueden desear creer que todavía son judíos y pueden llamar a Jesús por lo que piensan que era su nombre hebreo, pueden llamarse a sí mismos con nombres hebreos para hacer que lo que han hecho suene más judío, pero, de hecho, han dejado el judaísmo y al pueblo judío.

Los judíos determinan quién es judío, y no los ex judíos que se han convertido al cristianismo, o los cristianos que quieren ser judíos. La ley judía es clara en este tema, como se puede ver en la Responsa (o "preguntas y respuestas"), las decisiones legales tomadas por los rabinos durante los últimos dos milenios.

Un rabino de finales de la Edad Media llamado Hai Gaon, según lo citado por Aderet en Responsa VII n.º 292, declaró que un judío que se convierte fuera de la fe ya no era judío. Esta creencia fue compartida por numerosos rabinos y se puede ver en la literatura de Responsa de Simón ben Zemah Durán, Samuel de Medina, Judah Berab, Jacob Berab, Moisés ben Elias Kapsali y otros en la Edad Media. Moisés Isserles exigió una conversión formal al judaísmo para aquellos que se convirtieron fuera del judaísmo, pero que luego quisieron regresar. Exigió la inmersión ritual (*mikve*) y arrepentimiento ante una corte de tres (*beit din*). Esto también se ve en otra literatura de Responsa, incluyendo Radbaz, Responsa III, 415; Moisés Isserles a Yoreh Deah 268.12; y Hoffman, Melamed Leho-il II, 84. Más recientemente, esto también se puede ver en la Responsa del Satmar Rov en su Dvar Torá, Yoreh Deah # 59, párrafo 5, así como en la Responsa del Rabino Moshe Feinstein, Even ha-Ezer, Volumen 4, Número 53.

Moisés ben Maimón, llamado Maimónides, también escribió que si un judío se convierte al cristianismo, ya no es judío. Ver Maimónides, Hiljot Mamrim Perek 3, Halajá 1-3, así como la Mishná Torá de Maimónides, Avodat Kochavim 2:5.

Fue solo después de la experiencia de los conversos, judíos que fueron obligados por la iglesia a convertirse al catolicismo, pero que practicaban secretamente el judaísmo (cripto-judíos), que los rabinos declararon que aquel que se convirtió involuntariamente fuera del judaísmo no tiene que volver a convertirse al judaísmo. Se supone que, debido a que la conversión fue forzada, el judío en su corazón nunca abandonó realmente la religión judía. Esto también concierne solo a aquellos que desean regresar al judaísmo; no dice nada sobre aquellos que aceptan la teología del cristianismo como propia y, por lo tanto, siguen siendo cristianos.

Este concepto no es aplicable al caso de cualquier otra persona, en cualquier otro lugar, que se convierta al cristianismo hoy. En el mundo actual, ninguna persona tiene que elegir entre abandonar el país en el que nació, morir o convertirse al cristianismo, como ocurrió con los judíos de Europa en la Edad Media. Fue el hecho de que se vieron obligados a convertirse lo que dio razón a esta indulgencia.

El Israel moderno tiene una ley llamada Ley del Retorno, que trata este mismo problema. La ley establece que, dado que Israel es la patria judía, quien sea judío y pueda demostrarlo puede venir a Israel e inmediatamente convertirse en ciudadano israelí, como alguien que está volviendo a casa.

Daniel Rufeisen nació judío, de dos padres judíos, y debido a las persecuciones nazis, huyó de su hogar. Más tarde, por voluntad propia, optó por convertirse al catolicismo y acabó siendo sacerdote. El padre Daniel, consciente de la herencia de sus padres, había pertenecido a una organización juvenil sionista y salvó a unos 100 judíos durante el Holocausto, llegó a Israel y solicitó convertirse en ciudadano de Israel bajo la Ley del Retorno. La Corte Suprema de Israel negó su solicitud, afirmando que debido a que se convirtió al catolicismo, ya no era judío. Para ser ciudadano israelí naturalizado tuvo que esperar el tiempo habitual que necesita cualquier otro no judío. Esto es similar a la situación en los Estados Unidos, donde uno debe esperar años para convertirse en ciudadano naturalizado.

Cabe destacar que, como judío, el padre Daniel se perdió, lo que supone un éxito más para los nazis.

Lo mismo le ocurrió hace poco a una pareja de "judíos" mesiánicos. Los Beresfords de Sudáfrica intentaron convertirse en ciudadanos de Israel bajo la Ley del Retorno, utilizando la justificación de que sus padres eran judíos. Se les negó sobre la misma base que al padre Daniel. Recuerde que todos los padres involucrados, los padres de Daniel Rufeisen y los padres de ambos Beresfords, eran judíos. Además, es interesante notar que el hombre que dirigió la oposición contra los Beresfords por el Departamento de Inmigración de Israel era un rabino ortodoxo y miembro del partido político ortodoxo israelí conocido como *Shas*. Como rabino ortodoxo, habría sido muy versado en la ley judía sobre este tema.

La actitud de este rabino es compartida por muchos rabinos ortodoxos de hoy. El rabino ortodoxo Aryeh Kaplan, en su escrito para la Unión de Congregaciones Judías Ortodoxas de América, para la Conferencia Nacional de Jóvenes de Sinagoga (el Grupo de Jóvenes Ortodoxos), en su libro *El verdadero Mesías,* en la página 11, escribió lo siguiente:

"Esto nos lleva de vuelta a nuestra pregunta original: ¿qué puede perder un judío al adoptar el cristianismo?

La respuesta es: todo.

El cristianismo niega los fundamentos de la fe judía, y quien lo acepta rechaza la esencia misma del judaísmo. Incluso si continúa manteniendo todos los rituales, es lo mismo que si abandonara el judaísmo por completo.

Un judío que acepta el cristianismo podría llamarse a sí mismo un 'cristiano judío', pero ya no es un judío. Ni siquiera se puede considerar que es parte de una Congregación judía".

Sin embargo, como un acto de clemencia, son pocos los rabinos que hoy en día le piden al ex judío que desea regresar al judaísmo que realice todos los rituales de conversión, ya que se podría considerar como "la piedra de tope" para aquellos que desean regresar. Mientras uno siga siendo cristiano, ya no es judío, pero si desea regresar al judaísmo, el regreso se hace más sencillo como un acto de compasión.

Del mismo modo, mientras una persona crea que Jesús era algo más que un ser humano que vivió y murió hace unos 2000 años, no se puede convertir al judaísmo y volver a ser judío. Las dos religiones, el judaísmo y el cristianismo, son recíprocamente excluyentes e incompatibles.

Este tema nos lleva a otras preguntas, como por ejemplo:

La mayoría de los judíos que son seculares, muchos de los cuales no creen en Dios en absoluto, ¿son realmente judíos?

Sí, al igual como un ciudadano de Estados Unidos sigue siendo ciudadano, incluso si nunca vota, si no celebra el 4 de julio o si no prepara un pavo para el día de Acción de Gracias. Sin embargo, si se convierte en ciudadano de otro país, especialmente de otro país hostil a Estados Unidos, pierde la ciudadanía estadounidense, incluso si continúa celebrando el 4 de julio y prepara pavo en el día de Acción de Gracias estadounidense. Del mismo modo, si una persona se convierte al judaísmo, se vuelve judío, y si uno se convierte fuera del judaísmo, ya no es un judío, aunque continúe comiendo comida kosher y observando el Shabat como los judíos verdaderos.

Un judío se define de la siguiente manera: un judío es miembro de una nación definida por la religión del judaísmo. Déjeme que se lo explique:

No estoy hablando de una nación que significa un país (como el Estado de Israel), que se define por sus fronteras y pasaportes. Si no más bien hablo de una nación que es igual a la que entendemos en relación con los indios nativos americanos. Solíamos referirnos a ellos usando el término "tribu", pero el término "nación" es más preciso. Para los judíos, la analogía con una nación es perfecta, porque eso es, de hecho, lo que Dios le dijo a Abraham:

Génesis 12:2 *Y haré de ti una nación grande...*

Dios no le prometió a Abraham que haría de él una gran cultura, o un gran grupo étnico. Somos una nación. Una nación definida por nuestra religión, porque es en la literatura sagrada de nuestra religión, la Biblia, que se nos dice que somos una nación.

Para que una persona se convierta en ciudadano de una nación, debe pasar por un proceso llamado naturalización, y para convertirse en un "ciudadano de la nación judía" y volverse judío, el proceso de naturalización se llama conversión a la religión del judaísmo. El proceso es en realidad bastante similar. Para convertirse en ciudadano de los Estados Unidos, uno estudia la ley, aprende sobre nuestro país, aprende las costumbres y celebraciones del pueblo estadounidense. Es lo mismo que uno hace cuando uno quiere convertirse al judaísmo; uno aprende acerca de la ley judía, sobre Israel y las costumbres y las celebraciones del judaísmo, y la fe del pueblo judío.

Esta es otra razón por la cual nuestra religión nos define, porque es la conversión religiosa a la religión lo que hace que uno sea miembro de la nación. Por otro lado, el hecho de que un judío no practique la religión del judaísmo no significa que ya no sea ciudadano, o que ya no sea judío, a no ser que esa persona se convierta a otra religión.

Esto puede explicarse con cuatro analogías:

1. Andy nació en los Estados Unidos de dos ciudadanos estadounidenses, pero se muda a Australia. Allí, Andy sigue involucrado en todas las elecciones de Estados Unidos, conoce todos los problemas relacionados con su ciudad de origen, su condado de origen, su estado de origen e incluso a nivel federal. Escribe a sus líderes del Congreso, come pavo el cuarto jueves de noviembre y celebra el 4 de julio con fuegos artificiales.

   A pesar de que vive en Australia, ¿Andy sigue siendo ciudadano estadounidense? Sí, sigue siendo ciudadano estadounidense porque no ha hecho nada para renunciar a su ciudadanía.

Del mismo modo, hay judíos que buscan activamente ser judíos, que se afilian al pueblo judío al unirse a las sinagogas, al participar activamente en organizaciones judías, que celebran las fiestas y los días sagrados, los eventos del ciclo de vida, etc.

2. Bert nace en los Estados Unidos y ambos padres son ciudadanos estadounidenses, pero Bert se muda a Bélgica. Allí, Bert no tiene ningún interés sobre lo que pasa en Estados Unidos. Mientras Bert tenga trabajo, comida y televisión, estará contento. Bert no recuerda quién es el presidente de los Estados Unidos, y mucho menos cuáles pueden ser los problemas del país. Ni siquiera se da cuenta de que el cuarto jueves de noviembre significa algo, y no recuerda la importancia del cuatro de julio.

Aunque Bert vive en Bélgica y no hace nada para participar como ciudadano estadounidense, o para expresar o promover los valores de la democracia, etc., ¿sigue Bert siendo ciudadano estadounidense? La respuesta es sí, él sigue siendo ciudadano estadounidense porque tampoco ha hecho nada para perder su ciudadanía estadounidense.

Del mismo modo, están aquellos judíos que no hacen nada judío, que no se afilian a ninguna sinagoga, templo u organización judía, que no guardan los mandamientos, que no celebran fiestas judías o días sagrados ni observan el shabbat, pero siguen siendo judíos hasta el momento en que se conviertan a otra religión.

3. Charlie nace en los Estados Unidos de dos ciudadanos estadounidenses, pero Charlie se muda a China. Allí, Charlie hace todo lo posible para derrocar al gobierno de Estados Unidos. Charlie viste un saco y cenizas cada cuatro de julio e ignora el día de Acción de Gracias. Además, intenta introducir armas de contrabando a Estados Unidos y derrocar al gobierno, y trabaja para luchar contra todo lo que este representa.

Aunque Charlie vive en China y trabaja para destruir los Estados Unidos, ¿Charlie sigue siendo un ciudadano estadounidense? Sí, porque trabajar para derrocar al gobierno de los Estados Unidos no constituye motivo para perder la ciudadanía. Aquellos que se oponen a los Estados Unidos de esta manera simplemente son juzgados en la corte y van a la cárcel.

Hay judíos cuyas acciones podrían ser, y son, perjudiciales y destructivas para el judaísmo y para el pueblo judío. Sin embargo, estas personas siguen siendo judíos.

La única razón por la que Andy, Bert o Charlie podrían perder su ciudadanía estadounidense es cuando aceptan la ciudadanía de otro país, un acto que generalmente suele significar que se renuncia a la ciudadanía estadounidense. Por supuesto, Estados Unidos reconoce la doble ciudadanía en algunos casos con ciertos otros países, pero el judaísmo y la nación judía no reconocen la doble ciudadanía en absoluto. El acto de aceptar otra fe remueve a una persona de la "ciudadanía" en la "nación" judía. Un judío que ha aceptado la teología de otra fe ya no es un judío según la ley judía, como discutimos anteriormente.

Ahora, llegamos a Danny.

4. Danny nació en los Estados Unidos de un padre que es ciudadano estadounidense, pero la madre de Danny es holandesa. A los 18 años, Danny debe elegir entre la ciudadanía holandesa y la estadounidense. Pero Danny no puede elegir la ciudadanía brasileña porque no nació allí, y porque no tiene conexión con Brasil a través de su madre o su padre. De acuerdo con las leyes internacionales y de Estados Unidos, Danny puede obtener los derechos de ciudadanía de los países a través de su madre o su padre. Según la ley judía, los derechos de ciudadanía en la nación judía solo provienen de la madre, mientras que los derechos de herencia, que están relacionados con el linaje, provienen

del padre. Un ejemplo de esto último podría ser heredar propiedades o ser miembro de una tribu específica, como la de Benjamín o Leví, que vienen del padre. Ahora, en las últimas dos décadas, solo el movimiento reformista del judaísmo ha aceptado los derechos de "ciudadanía" de aquellos judíos cuyo linaje proviene de su padre. Esto se hace solo en casos donde el niño fue criado con ceremonias y afiliaciones específicas y exclusivamente judías (un hecho generalmente no declarado, pero cierto).

Como judío, uno ha sido elegido por Dios para actuar como el agente publicitario de Dios en el mundo. Dios necesita que los judíos sean un recordatorio constante para el resto del mundo de que Dios existe y que Dios exige un comportamiento moral y ético de su creación. El significado de ser judío, ahora que lo hemos definido, es tener una misión en el mundo. Esa misión, según lo definido por nuestro pacto con Dios, es ser una luz para las naciones, a través de nuestras acciones y a través de nuestra invitación a todos los demás a unirse a nuestra misión al convertirse en judíos. Esas acciones no son simplemente un comportamiento ético de nuestra parte, son los mandamientos que tienen la intención de hacernos diferentes y santos (la palabra "santo" significa "diferente") a través de nuestra observancia de estos mandamientos.

Si uno se une a cualquier otra fe, como lo han hecho los "judíos" mesiánicos al aceptar a Jesús como su salvador personal y Mesías, ya no es judío. Uno es cristiano. Esto también incluye a los de la Nueva Era, así como a los que una vez fueron budistas judíos; se han unido a una religión que es totalmente diferente al judaísmo. Negar simplemente un elemento de una fe es muy diferente de unirse a otra fe, ser bautizado en ella, etc. Esos "judíos" mesiánicos quieren considerarse a sí mismos como judíos aún, a pesar de que ahora creen exactamente lo mismo que los miembros de las iglesias Bautista del Sur, Iglesia Luterana-Sínodo de Misuri y Asambleas de Dios. Son estas iglesias y denominaciones las que financian, establecen y mantienen las "sinagogas" mesiánicas.

Esto nos lleva a dos preguntas que uno podría hacer a aquellos que se han convertido en "judíos" mesiánicos.

En primer lugar, si estos grupos siguen siendo judíos, entonces ¿por qué las personas que los financian no son sus "compañeros" judíos? Estas organizaciones que tienen la intención de convertir a los judíos en "judíos" mesiánicos no reciben fondos de las federaciones judías, o de otras organizaciones judías como la Liga Antidifamación (ADL, por sus siglas en inglés), o el Comité Judío Americano, o cualquier otra organización judía. De hecho, estas organizaciones judías emiten declaraciones condenando a las organizaciones judías falsas que intentan hacer proselitismo a los judíos y convertirlos en cristianos. Muchas de estas organizaciones judías tienen comités cuyo propósito es combatir las organizaciones judías falsas.

Otra pregunta que uno quisiera hacer a los "judíos" mesiánicos es si creen o no que un judío que no cree en Jesús irá al infierno. Como buenos cristianos, han elegido una fe que, de hecho, cree que los judíos que no aceptan a Jesús irán al infierno. Esto significaría que tan pronto como una persona se hace cristiana, tan pronto como acepta a Jesús como su salvador personal, hijo de Dios y Mesías, condena a aquellos que supuestamente están en su propio grupo. Los verdaderos judíos no condenan a otros judíos a una eternidad de tortura en el infierno por no creer en Jesús. ¡Eso sí que es querer tener pan y pedazo! Esto significa que los "judíos" mesiánicos condenan al infierno al mismo grupo del que todavía afirman ser parte. ¿Tiene esto algún sentido?

Para la comunidad judía, es ridículo afirmar que uno puede ser judío y cristiano al mismo tiempo, y los judíos bien informados no se dejan engañar.

CAPÍTULO 11

LAS "RAÍCES JUDÍAS" DEL CRISTIANISMO

La técnica más nueva para lograr que los judíos se conviertan al cristianismo es hacer que los objetivos judíos crean que no están abandonando el judaísmo al convertirse al cristianismo, y que uno puede ser judío y cristiano al mismo tiempo. La forma en que esto se logra es expresar creencias cristianas en prácticas judías, dar a los rituales judíos un giro cristiano, para que los objetivos puedan continuar apareciendo y actuando de manera judía, pero lo que están haciendo se entiende a través de interpretaciones teológicas cristianas.

Esta técnica es justificada por la interpretación de los misioneros cristianos de 1 Corintios 9:20-22, donde Pablo afirma que es aceptable que los misioneros finjan ser algo, siempre y cuando alguien se convierta al cristianismo:

> *Me he hecho a los judíos como judío, para ganar a los judíos; a los que están sujetos a la Ley (aunque yo no esté sujeto a la Ley) como sujeto a la Ley, para ganar a los que están sujetos a la Ley; 21 a los que están sin Ley, como si yo estuviera sin Ley (aunque yo no estoy sin ley de Dios, sino bajo la ley de Cristo), para ganar a los*

que están sin Ley. 22 Me he hecho débil a los débiles,
para ganar a los débiles; a todos me he hecho de todo,
para que de todos modos salve a algunos.

Los misioneros cristianos también citan a Filipenses 1:18 para justificar fingir ser judíos, lo que expresa una idea similar:

¿Qué, pues? Que no obstante, de todas maneras,
o por pretexto o por verdad, Cristo es anunciado; y en
esto me gozo y me gozaré siempre,

De acuerdo con la interpretación de los misioneros cristianos, Pablo en 1 Corintios 9:20-22 justifica las prácticas engañosas, y en Filipenses 1:18 distingue entre simulación y verdad, pero luego condona a ambos en el servicio de hacer proselitismo a los demás al cristianismo.

Esto se ve con mayor frecuencia en las prácticas de los denominados "judíos" mesiánicos. Erróneamente, los que siguen esta forma de cristianismo pueden ser llamados "judíos para Jesús", pero esto confunde el nombre de una misión para los judíos con aquellos judíos que han cedido a su proselitismo y al de otras organizaciones cristianas que existen solo para convertir a los judíos al cristianismo.

Si comparáramos la teología de los judíos de la organización "Judíos para Jesús" y la de los "judíos" mesiánicos con la teología de la Convención Bautista del Sur (CBS), no veríamos ninguna diferencia. Comparemos las declaraciones de fe de la Alianza Judía Mesiánica de Estados Unidos (cuyo nombre original era la Alianza Hebrea Cristiana de América), con la declaración de fe del CBS. Ambos se pueden encontrar en el internet. Del mismo modo, uno podría mirar los sitios web de cualquier "sinagoga" mesiánica y comparar su declaración de creencias con las de la Convención Bautista del Sur o cualquier iglesia bautista, la iglesia de las Asambleas de Dios o cualquier otra iglesia de cualquier denominación cristiana y ver no solo similitudes, pero duplicación, excepto por el uso de más palabras que suenan judías por los "judíos" mesiánicos para hacer parecer que lo que creen sigue siendo judío.

Esta técnica, de que uno puede seguir siendo judío incluso cuando acepta la teología del cristianismo y se convierte en cristiano, se propone en lo que los cristianos llaman "evangelismo cultural indígena (Indigenous Cultural Evangelism)", que dice que mientras un misionero haga pensar a los objetivos que pueden ser tanto cristianos como lo que sea que fueran antes de su conversión, entonces será más fácil convertirles. (Ver la sección sobre el fundamento sociológico [The Sociological Foundation] en el libro *Understanding Church Growth*, por Donald A. McGavran.)

Esto es lo que está sucediendo cuando los cristianos enseñan sobre algo que ellos llaman "las raíces judías del cristianismo". Se podría pensar que el término "raíces judías" se refiere a la idea cristiana de que el cristianismo se desarrolló a partir del judaísmo, que se basa en las Escrituras hebreas, o que los primeros cristianos eran judíos. Sin embargo, no es lo que quieren decir.

Una historia:

David tenía un hermoso jardín en el que cultivaba tomates perfectos. Un día, su amigo Matthew plantó pepinos en medio del jardín. Cuando brotaron los pepinos, Matthew afirmó que los tomates eran las raíces de sus pepinos. En otras palabras, dijo que los pepinos se desarrollaron a partir de los tomates y eran el resultado natural (el objetivo) de los tomates a medida que maduraban.

La historia anterior puede parecer ridícula, pero representa con precisión las afirmaciones de muchas personas que enseñan las "raíces judías del cristianismo". Ellos plantan pepinos cristianos, por así decirlo, en medio de tomates judíos, y luego afirman que lo que plantaron allí brotó naturalmente de lo que ya estaba creciendo. En otras palabras, ponen una interpretación teológica cristiana en una ceremonia o ritual judío. Luego afirman que esta interpretación teológica cristiana plantada, habiendo sido "encontrada" en algo judío (porque fue plantada allí por ellos en primer lugar), prueba las "raíces judías" del cristianismo. Esto es una tontería y muestra hasta dónde llegarán muchos para obtener la legitimidad judía y para que parezca que lo que estos cristianos están haciendo es judío.

Considere el siguiente ejemplo. Durante la festividad judía de *Pésaj*, tres piezas de *matzá* se colocan en el plato del *Séder*. Durante el *Séder*, se saca la *matzá* del medio, se divide en dos, y una de estas dos piezas (llamada *Afikomán*) se oculta y se saca al final de la comida. Algunos cristianos afirman que la *matzá*, así como el ritual del *Afikomán*, es simbólico de Jesús y, por lo tanto, indica que la teología básica del cristianismo se puede encontrar en los rituales judíos y, como resultado, indica las "raíces judías" del cristianismo. Afirman que las tres piezas de *matzá* representan la Trinidad: el Padre, el Hijo y el Espíritu Santo. Tenga en cuenta que es la *matzá* media, el hijo de la Trinidad, la que se saca y se rompe (se crucifica), se oculta (se entierra) y se vuelve a sacar (resucita). La *matzá* usada hoy también tiene rayas y líneas de agujeros. Para estos mismos cristianos, las rayas y los agujeros también indican las "raíces judías" del cristianismo, porque las rayas y los agujeros representan las marcas en Jesús de la flagelación que recibió, y los agujeros representan los agujeros causados en Jesús por la crucifixión.

El problema con esta explicación es que es absolutamente falso. No había *Séder*, ni *Hagadá*, ni tres piezas de *matzá* en ningún plato del *Séder*, ni el plato del Séder, en la época de Jesús. El ritual para observar la festividad judía de *Pésaj*, especialmente tal como lo conocemos hoy, se desarrolló cientos de años después de la muerte de Jesús. Además, las primeras discusiones sobre un ritual de *Pésaj* describen solo una pieza y media de *matzá*. Originalmente, la mitad de la pieza se partió por la mitad, y una de estas dos piezas, ahora un cuarto de la *matzá* original, se apartó para comerla como la última parte de la comida. No estaba escondida; simplemente se hizo a un lado, quedando a la vista. La idea de esconder al *Afikomán* se originó a mediados del siglo XVII en Alemania como una forma de mantener a los niños interesados en la ceremonia, y la idea finalmente se impuso en todo el mundo judío. La *matzá* de hoy tiene rayas y agujeros porque está hecha a máquina, que causa las rayas y los agujeros a medida que atraviesa la masa. Esta máquina fue inventada solo hace unos 150 años, a mediados del siglo XIX. No puede ser un presagio de la muerte de Jesús, porque se desarrolló mucho después de que Jesús murió. Una cosa no puede presagiar algo que vino antes. La idea de que la *matzá* representa a Jesús es solo una interpretación cristiana.

Por supuesto, los misioneros cristianos y aquellos que quieren creer que el cristianismo se originó del judaísmo pueden interpretar cualquier cosa de manera cristiana, lo que no significa que el cristianismo se haya desarrollado a partir de lo que están interpretando. De ser así, podríamos aplicar la misma lógica a la pizza.

La pizza tiene tres elementos básicos: el pan, la salsa de tomate y el queso. El elemento central de la pizza es la salsa de tomate, que es roja. Uno podría dar fácilmente una base cristiana para estos tres elementos básicos de la pizza diciendo que los tres ingredientes representan la Trinidad:

El pan

Jesús se llama a sí mismo el pan de vida en Juan 6:35:

> *Jesús les respondió: —Yo soy el pan de vida. El que a mí viene nunca tendrá hambre, y el que en mí cree no tendrá sed jamás.*

La masa de la pizza debe ser amasada, y esta imagen de amasar la masa es paralela a la golpiza que Jesús recibió antes de su crucifixión. Después, la masa de la pizza se estira con un instrumento que la agujerea para eliminar el aire. Esto es similar a Jesús recibiendo los agujeros en su cuerpo por la crucifixión, tal como afirman que está representado en el *matzá*.

La salsa de tomate

La salsa es roja como la sangre de Jesús, y se extiende sobre la masa de la misma manera que la sangre de un sacrificio se coloca en un altar.

El queso

El queso cubre el resto de la pizza como la muerte de Jesús cubre los pecados de la gente.

Esto demuestra cómo cualquier cosa, incluso la pizza, puede usarse para simbolizar a Jesús. Sin embargo, ¿es el simbolismo que se encuentra en la pizza una prueba de "las raíces de la pizza en el cristianismo"? Por supuesto que no.

Un cristiano podría preguntar: "¿Pero no fueron los primeros cristianos en realidad judíos?" Sí, pero esto no viene al caso. Los primeros protestantes fueron católicos romanos, y Martín Lutero fue un sacerdote católico romano. Sin embargo, los católicos romanos no consideran que el cristianismo protestante sea simplemente otra forma de catolicismo romano o el objetivo del catolicismo romano, ni consideran a los protestantes como católicos romanos completos, como los cristianos insultantemente llaman a los ex judíos que se han convertido en cristianos "judíos completos".

El libro apócrifo de 1 Macabeos explica que la primera persona asesinada en la revuelta de los macabeos fue un judío, por su disposición a sacrificar un cerdo a Zeus, lo que Matatías se había negado anteriormente a hacer. Obviamente, este judío debe haber sido muy secular y asimilado. Si hubiera sobrevivido el ataque de Matatías contra él y más tarde hubiera formado una religión dedicada a la adoración de Zeus y los hijos semihumanos de Zeus, ¿eso convertiría su fe recién formada en otra forma de judaísmo? Si él llamara a esta fe recién formada, "judíos para Zeus" o "judíos para los hijos mitad humanos de Zeus", ¿sería esto una fe con "raíces judías"? ¡Claro que no! El hecho de ser judío no significa que todo lo que haga o crea tenga que ver con la religión judía.

El cristianismo no tiene raíces judías, porque la teología que la sustenta y de la que deriva es contraria a lo que dice la Biblia, es totalmente opuesta a lo que cree el judaísmo, y tiene mucho más en común con la idolatría pagana de los hombres y dioses salvadores moribundos helenistas y romanos que con cualquier cosa en las Escrituras hebreas, excepto donde los cristianos desean dar a las Escrituras hebreas su propia interpretación y sentido cristiano. Y así llegamos a la Parte II de este libro.

PARTE II

UN CONTRASTE EN LA INTERPRETACIÓN DE LAS ESCRITURAS HEBREAS

CAPÍTULO 12

INTRODUCCIÓN A LA INTERPRETACIÓN

1. El lector siempre está convencido de que la Biblia dice lo que quiere decir el lector

Todo el mundo tiene creencias, experiencias y actitudes que influyen en la forma de pensar y en la forma de entender lo que ve y oye. Esto es especialmente cierto cuando se trata de religión, y aún más cuando uno lee la Biblia. Alguien que lea un pasaje con un punto de vista cristiano lo entenderá de una manera totalmente diferente a alguien que sea judío. Cuando se trata de entender la Biblia, hay un viejo dicho que dice "el lector siempre está convencido de que la Biblia dice lo que quiere decir el lector". En otras palabras, el lector ve reflejado en la Biblia lo que sus experiencias y creencias le llevan a ver allí, y no necesariamente lo que es inherentemente una parte del versículo bíblico, o lo que literalmente dice el versículo bíblico.

Cada cual es libre de tomar cualquier versículo de la Biblia, o incluso un párrafo, e interpretarlo de cualquier manera que quiera interpretarlo. Dado que lo único que una persona puede decir sobre la interpretación de otra persona es si está o no de acuerdo con esa interpretación. En cierta medida, todas las interpretaciones son iguales, e igualmente válidas o igualmente inválidas, dependiendo de la perspectiva religiosa de cada uno. Cuando se trata de la interpretación de un solo verso de las Escrituras, no puede haber una forma objetivamente verdadera de entenderlo, ya que todas las interpretaciones son subjetivas. Esto es lo que las convierte en interpretaciones.

Tanto el judaísmo como el cristianismo tienen creencias que se contradicen mutuamente. Por ejemplo, uno no puede creer, como un cristiano, que Jesús murió por nuestros pecados, mientras que al mismo tiempo creer, como los judíos, que nadie más puede morir por nuestros pecados. Entonces, ¿cómo podemos determinar cuál de las dos creencias es la Verdad? La única manera de hacerlo es comparar las creencias de ambas religiones con lo que dice la Biblia, literalmente y sin interpretación, tal como lo hemos hecho en el Capítulo 6 de este libro. Además, sería de gran ayuda si uno puede ver un patrón de la misma creencia, una consistencia en la creencia ya sea en toda la Biblia o en al menos uno o dos otros lugares dentro de la Biblia.

Hay interpretaciones cristianas razonables, y bien fundamentadas, de la Escritura, pero desde la perspectiva judía, esas interpretaciones deben ser rechazadas simplemente como incorrectas, porque van en contra del significado, tanto del significado literal como de la forma en que los judíos han interpretado el texto bíblico por miles de años.

En respuesta a la creencia cristiana de que Jesús murió por nuestros pecados, los judíos pueden destacar al menos tres versículos en la Biblia que contradicen esta idea, como se explica en el Capítulo 6 de este libro. Tanto en Éxodo 32:30-35 como en Deuteronomio 24:16 y en Ezequiel 18:20, queda claro que solo aquel que pecó es quien recibe el castigo, que cada persona muere por sus propios pecados, y que la maldad de los impíos recae sobre los impíos y no sobre alguien que es justo. Estos versículos son claros, son coherentes en toda la Biblia y no necesitan interpretación para entenderlos. Por lo tanto, quienes creen en la Biblia deben rechazar la interpretación cristiana de que Jesús murió por nuestros pecados.

Al comparar la forma en que el cristianismo ha interpretado un versículo o un conjunto de versículos de la Biblia con otros versículos de la Biblia, podemos comprobar si la interpretación que los cristianos han dado es realmente lo que la Biblia dice, o si es simplemente su interpretación de un versículo basado en las creencias ya existentes del lector cristiano. Además, cuando los judíos llegan a comprender el argumento judío con respecto a la interpretación adecuada de un versículo bíblico, la interpretación cristiana pierde su validez y fundamento.

2. Eso es lo que a usted le hace cristiano y a mi judío

En gran medida, lo que una persona ve en un versículo bíblico en particular nos dice más sobre esa persona que lo que nos dice sobre ese versículo bíblico. La forma en que una persona ha elegido interpretar un versículo bíblico es lo que hace que esa persona sea judía o cristiana, del mismo modo que ser judío o ser cristiano determinará cómo se interpreta un verso bíblico. Para el cristiano, no solo es que lea un versículo de la Biblia de una manera cristiana, sino que su fe cristiana le lleva a interpretar la Biblia de una manera cristiana, lo que le convierte en cristiano. Lo mismo podría decirse del judío, que es el judaísmo del judío, lo que lleva al judío a interpretar la Biblia de una manera judía.

A menudo, cuando se trata de interpretaciones bíblicas, habrá un callejón sin salida, un punto muerto. Los judíos no entenderán ni aceptarán la interpretación de la Biblia desde una perspectiva cristiana, ni los cristianos entenderán ni aceptarán la interpretación de la Biblia desde una perspectiva judía.

Además, si un judío aceptara la interpretación cristiana de un versículo bíblico que va en contra de las creencias judías, estaría dando un paso hacia la conversión al cristianismo. Si un cristiano aceptara la interpretación judía de un versículo bíblico que va en contra de las creencias cristianas, estaría dando un paso hacia la conversión al judaísmo. De hecho, esta es la forma en que los misioneros cristianos han convertido a los judíos al cristianismo durante los últimos dos milenios. Exponen ante sus objetivos su forma de entender las Escrituras hebreas que se ajustan a la interpretación cristiana, y el judío, por la razón que sea, elige aceptar la interpretación cristiana.

Cuando un judío y un cristiano discuten sobre el significado de un versículo en particular y llegan a un punto muerto, entonces es simplemente bueno reconocer que la forma en que uno elige entender o interpretar un versículo bíblico es lo que hace que esa persona sea quien es, es decir, quién es, determinará cómo se elige interpretar un versículo bíblico.

3. El velo sobre la mente judía o ver el mundo a través de lentes de color cristiano

Los cristianos creen que los judíos están cegados por un velo que cubre nuestras mentes, lo que nos impide ver la relación entre los versículos bíblicos de las Escrituras hebreas y Jesús. Pablo, en el Nuevo Testamento del cristiano, escribe:

> 2 Corintios 3: 13-16 *y no como Moisés, que ponía un velo sobre su rostro para que los hijos de Israel no fijaran la vista en el fin de aquello que había de desaparecer. 14 Pero el entendimiento de ellos se embotó, porque hasta el día de hoy, cuando leen el antiguo pacto, les queda el mismo velo sin descorrer, el cual por Cristo es quitado. 15 Y aun hasta el día de hoy, cuando se lee a Moisés, el velo está puesto sobre el corazón de ellos. 16 Pero cuando se conviertan al Señor, el velo será quitado.*

En otras palabras, los judíos tienen un velo que les cubre sus mentes y los mantiene ciegos a la supuesta verdad del cristianismo que se encuentra en las Escrituras hebreas de los judíos, y que solo se elimina cuando se convierten en cristianos.

Sin embargo, esta declaración admite que la interpretación cristiana es solo eso, una interpretación, y no es una comprensión inherente y literal del texto bíblico. Si el velo solo "es quitado por Cristo", si uno tiene que hacerse cristiano para ver la relación de un versículo con Jesús, entonces la profecía de Jesús o la relación del versículo con Jesús no es un significado inherente, literal y obvio que se encuentra en el texto. De lo contrario, uno no tendría que ser cristiano para verlo allí, sería obvio para cualquier lector. Al afirmar que el velo solo es "quitado por Cristo", o que solo cuando uno "se convierte al Señor" se quita el velo, los cristianos admiten que su comprensión de la Biblia solo se puede ver si se ve a través del lente del cristianismo.

En lugar de un velo sobre las mentes de los judíos que nos ciega a ver la "verdad" del cristianismo, los cristianos están leyendo las Escrituras hebreas a través de unos lentes de color cristiano, porque si no, el significado cristiano sería evidente para un judío, o un cristiano, o un musulmán, o un ateo que lo lee, incluso si luego rechazara su mensaje. Esto significa que la interpretación cristiana de la Biblia es simplemente y solo eso, una interpretación, y desde la perspectiva judía, es incorrecta, porque es solo su interpretación, y no refleja lo que dice el versículo y lo que uno lee en otra parte de la Biblia.

4. Titularidad del texto

Los textos sagrados de cada fe tienen versículos que están muy sujetos a interpretación. Cada fe tiene el derecho, porque los textos son suyos, de explicar e interpretar sus textos a un extraño, quien podría encontrar que esos textos son cuestionables. El extraño puede optar por rechazar la interpretación de esa fe, pero cada fe tiene derecho a entender sus propias Escrituras a su manera.

Por ejemplo, en el Nuevo Testamento del cristiano, leemos en el Evangelio de Lucas, donde Jesús dijo:

> Lucas 14:26 *Si alguno viene a mí y no aborrece a su padre, madre, mujer, hijos, hermanos, hermanas y hasta su propia vida, no puede ser mi discípulo.*

El versículo de Lucas establece clara y literalmente que para ser un discípulo de Jesús, uno debe odiar a la familia. En Mateo también hay una declaración que hizo Jesús en la que indica que su propósito al venir era alejar a los familiares los unos de los otros, precedida por un versículo que afirma que el propósito de Jesús al venir no era traer paz, sino más bien traer una espada:

> Mateo 10:34-37 *No penséis que he venido a traer paz a la tierra; no he venido a traer paz, sino espada, 35 porque he venido a poner en enemistad al hombre contra su padre, a la hija contra su madre y a la nuera contra su suegra. 36 Así que los enemigos del hombre serán los de su casa. 37 El que ama a padre o madre más que a mí, no es digno de mí; el que ama a hijo o hija más que a mí, no es digno de mí;*

Estos versículos no concuerdan con lo que el judaísmo espera en un Mesías. Los cristianos, por supuesto, tienen el derecho de explicar los versos de su testamento a través de sus propias interpretaciones, y los judíos tienen el derecho de rechazar la interpretación cristiana. Sin embargo, si los cristianos tienen el derecho de explicar los versos de su testamento, los judíos también tienen el derecho de explicar los versículos de su testamento, y los cristianos tienen el derecho de rechazar la comprensión judía del texto bíblico.

No obstante, es importante decir que, obviamente, el judaísmo surgió antes que el cristianismo, y, por lo tanto, la mayor carga recae en el cristiano para demostrar que la interpretación cristiana de las

Escrituras judías es verdadera y, como resultado, debe reemplazar la interpretación judía. Esto nos lleva al siguiente capítulo, donde analizaremos las técnicas utilizadas por el cristianismo para interpretar la Biblia.

Capítulo 13

TÉCNICAS DE INTERPRETACIÓN CRISTIANA

Los cristianos utilizan cinco técnicas de interpretación. En el Nuevo Testamento se encuentran ejemplos de cada una de ellas. Estas técnicas son:

A. Errores de traducción: los cristianos basan la interpretación en una traducción errónea o traducen mal un versículo para que se ajuste a una creencia ya existente. Sin embargo, la traducción verdadera y precisa del hebreo original indica que el versículo no puede entenderse adecuadamente en la forma en que los cristianos lo interpretan.

B. Fuera de contexto: los cristianos sacan un versículo del contexto en el que se encuentra en las Escrituras hebreas para que parezca que Jesús cumplió ese versículo. Sin embargo, cuando uno lee ese versículo en el contexto en el que se encontró originalmente, no puede entenderse adecuadamente en la forma en que los cristianos lo interpretan.

C. Inventos: los cristianos inventan un versículo que en realidad no existe en las Escrituras hebreas, y luego inventan una historia sobre Jesús para demostrar que cumplió este versículo inexistente. Los cristianos también inventan historias sobre

Jesús para demostrar que Jesús cumplió profecías que se encuentran en las Escrituras hebreas.

D. Tipologías: los cristianos interpretan una historia de un personaje en las Escrituras hebreas como lo que ellos llaman un tipo o modelo de Jesús, haciendo de lo que se encuentra en las Escrituras hebreas una profecía en sí misma. Esta forma de interpretación es diferente de las otras porque se basa en el personaje de una historia, o en la historia misma, y no en un versículo o versículos.

E. Textos de prueba: los cristianos toman un solo versículo o algunos versículos de las Escrituras hebreas y afirman que estos versículos son, en sí mismos, una profecía de la venida del Mesías que consideran que Jesús cumplió. El versículo o los versículos de las Escrituras hebreas que se utilizan de esta manera se llaman textos de prueba, porque los versículos o textos se utilizan para probar que Jesús era el Mesías. De hecho, el versículo o los versículos se convierten en un texto de prueba para ellos cuando usan las técnicas enumeradas anteriormente: los errores de traducción, los versículos tomados fuera de contexto, o los inventos. Esta técnica tendrá su propio capítulo donde veremos los 10 versículos más utilizados con esta técnica por parte de los cristianos en el proselitismo, junto con las respuestas judías.

A continuación explicaremos estas técnicas en más detalle.

A. Errores de traducción

El hecho de que los eventos en la vida de Jesús se basan en errores de traducción, o en un versículo del texto bíblico que está mal traducido para reflejar una creencia ya existente, se puede ver en la próxima cita de Mateo. En el Libro de Mateo, se describe cómo

el nacimiento milagroso de Jesús de una virgen cumple una profecía
bíblica:

> Mateo 1:18-25 *El nacimiento de Jesucristo fue*
> *así: Estando desposada María su madre con José,*
> *antes que se juntasen, se halló que había concebido*
> *del Espíritu Santo. 19 José su marido, como era justo,*
> *y no quería infamarla, quiso dejarla secretamente.*
> *20 Y pensando él en esto, he aquí un ángel del Señor*
> *le apareció en sueños y le dijo: José, hijo de David,*
> *no temas recibir a María tu mujer, porque lo que en*
> *ella es engendrado, del Espíritu Santo es. 21 Y dará*
> *a luz un hijo, y llamarás su nombre JESÚS, porque*
> *él salvará a su pueblo de sus pecados. 22 Todo esto*
> *aconteció para que se cumpliese lo dicho por el Señor*
> *por medio del profeta, cuando dijo: 23 He aquí, una*
> *virgen concebirá y dará a luz un hijo, Y llamarás su*
> *nombre Emanuel, que traducido es: Dios con nosotros.*
> *24 Y despertando José del sueño, hizo como el ángel del*
> *Señor le había mandado, y recibió a su mujer. 25 Pero*
> *no la conoció hasta que dio a luz a su hijo primogénito;*
> *y le puso por nombre JESÚS.*

Esta cita de Mateo se basa en una historia que se encuentra en
Isaías 7:1-16 que podemos leer a continuación. La historia en Isaías
habla sobre Acaz, un hombre que fue rey de Jerusalén más de 700
años antes de la época de Jesús. Acaz estaba aterrorizado de dos reyes
enemigos que marchaban sobre Jerusalén, así que Isaías fue enviado
a Acaz para calmar sus nervios y darle una señal que demostraría
que Dios estaba del lado de Acaz. Cuando Isaías dice a Acaz que
pida una señal, por temor, Acaz se niega a poner a prueba a Dios al
solicitar una señal específica. Isaías luego nombra la señal que Dios
le daría a Acaz; esa señal es que una mujer que ya estaba embarazada
pronto daría a luz a un varón. Hay que recordar que una señal no es

un milagro. Una señal es algo real, que apunta a otra cosa, al igual que una señal de pare es metal y pintura de verdad, y señala el lugar en el camino donde uno debe detenerse. El niño mismo es la señal, y su concepción no fue pensada ni mencionada por Isaías como algo especial o milagroso. Isaías llama al hijo una señal, y no un milagro. Como señal, cada vez que Acaz veía al niño, se consolaba al saber que Dios estaba de su lado, y que no tenía nada de qué preocuparse de esos reyes enemigos. Eso es lo que convirtió al niño en una señal para Acaz. También por eso el nombre del hijo debía ser "Emanuel", que significa "Dios está con nosotros". Cada vez que Acaz tenía que llamar al niño por su nombre, se estaría recordando a sí mismo que "Dios está con nosotros", y no con los enemigos de Acaz.

Isaías le dice a Acaz que cuando el niño tenga la edad suficiente para poder distinguir entre el Bien y el Mal, los dos reyes enemigos estarían muertos. ¿Qué edad tiene un niño antes de tener la edad suficiente para saber la diferencia entre el bien y el mal? Algunos dirían que a los dos o tres años. Otros pueden decir que alrededor de los 12 o 13 años, la edad en que se celebra un *bat* o *bar mitzvá*. Esto significa que la señal estaba destinada para el tiempo de Acaz, como dice el primer versículo a continuación, y no para un tiempo 700 años en el futuro:

> Isaías 7:1-16 *Aconteció en los días de Acaz hijo de Jotam hijo de Uzías, rey de Judá, que Rezín, rey de Siria, y Peka hijo de Remalías, rey de Israel, subieron contra Jerusalén para combatirla; pero no la pudieron tomar. 2 Y llegó la noticia a la casa de David, diciendo: —Siria se ha confederado con Efraín. Y se le estremeció el corazón y el corazón de su pueblo, como se estremecen los árboles del monte a causa del viento. 3 Entonces dijo el Eterno a Isaías: —Sal ahora al encuentro de Acaz, tú y Sear-jasub, tu hijo, al extremo del acueducto del estanque de arriba, en el camino de la heredad del Lavador, 4 y dile: "Cuídate y ten*

*calma; no temas ni se turbe tu corazón a causa de
estos dos cabos de tizón que humean, por el ardor de
la ira de Rezín y de Siria, y del hijo de Remalías. 5
Ha concertado un maligno plan contra ti el sirio, con
Efraín y con el hijo de Remalías, diciendo: 6 'Vayamos
contra Judá y aterroricémosla; repartámosla entre
nosotros y pongamos en medio de ella por rey al hijo de
Tabeel.'" 7 Por tanto, el Eterno dice: "No sucederá eso;
no será así. 8 Porque la cabeza de Siria es Damasco
y la cabeza de Damasco, Rezín; y dentro de sesenta
y cinco años Efraín será quebrantado hasta dejar de
ser pueblo. 9 Y la cabeza de Efraín es Samaria y la
cabeza de Samaria, el hijo de Remalías. Si vosotros no
creéis, de cierto no permaneceréis." 10 Habló también
el Eterno a Acaz, diciendo: 11 —Pide para ti una
señal de parte del Eterno tu Dios, demandándola ya
sea de abajo en lo profundo o de arriba en lo alto. 12
Y respondió Acaz: —No pediré ni tentaré al Eterno.
13 Dijo entonces Isaías:—Oíd ahora, casa de David:
¿No os basta con ser molestos a los hombres, sino que
también lo seáis a mi Dios? 14 Por tanto, el Eterno
mismo os dará señal: La virgen concebirá y dará a luz
un hijo, y le pondrá por nombre Emanuel. 15 Comerá
mantequilla y miel, hasta que sepa desechar lo malo
y escoger lo bueno. 16 Porque antes que el niño sepa
desechar lo malo y escoger lo bueno, la tierra de los dos
reyes que tú temes será abandonada.*

La palabra que se traduce mal es la palabra para "la virgen" (en hebreo *ha almah*). El hecho de que se le llame "la virgen" y se use el artículo definido, "la", indica que la joven era conocida tanto por Isaías como por Acaz y, por lo tanto, debe haber vivido en su época. El hecho de que todo esto sucedió en la época de Acaz se confirma además por el tiempo pasado "ha concebido (*harah*)" en el hebreo original. Uno puede argumentar que una mujer joven también podría ser virgen, pero el punto es que la palabra no se refiere a su condición sexual. Si el autor bíblico hubiera querido expresar la idea de que la mujer era virgen, el autor habría usado la palabra hebrea para virgen, que es *betulah*. Incluso si el texto la hubiera llamado virgen, no hay razón para creer que la virgen habría concebido a su hijo por cualquier otro medio que no fuera un acto sexual. Solo la lectura del versículo a través de los ojos del cristianismo, suponiendo un nacimiento virginal, nos llevaría a interpretar el versículo de esta manera.

El hecho de que *almah* no significa virgen puede demostrarse observando el uso de la misma palabra en Proverbios 30:18-20. Aquí nuevamente la palabra *almah* se usa en hebreo. Sin embargo, aquí no hay duda de que la joven no es virgen. Estos versículos son una expresión de asombro de que pueden suceder cosas que no dejan rastro de que hayan ocurrido. Estas cosas incluyen el hecho de que dos personas pueden hacer el amor y no dejar rastro de que han tenido relaciones sexuales. Esto solo puede ser cierto si la mujer no era virgen, porque la pérdida de su virginidad sería una indicación de que había tenido relaciones sexuales. También sabemos esto porque "la virgen" se compara con una mujer adúltera que comete adulterio a través del acto sexual, pero no deja rastro de la transgresión. Esto solo podía tener sentido porque ella, como mujer adúltera, no era virgen:

> Proverbios 30:18-20 *Tres cosas me son ocultas, y una cuarta tampoco conozco: 19 el rastro del águila en el aire, el rastro de la culebra sobre la peña, el rastro de la nave en medio del mar y el rastro del hombre en la muchacha. 20 La mujer adúltera procede así: come, se limpia la boca y dice: No he hecho ningún mal.*

Los cristianos podrían decir que hay una doble profecía con respecto a estos versículos, que una profecía se cumplió en los días de Isaías y Acaz, pero Jesús cumplió otra profecía basada en el mismo versículo. Sin embargo, ¿por qué afirmar que solo hay una doble profecía para este o cualquier otro versículo en las Escrituras? ¿Quizás hay una tercera o triple profecía y la tercera profecía fue cumplida por cualquiera de los muchos dioses que fueron producto de un nacimiento virginal, el resultado de una mujer humana que quedó embarazada de un dios, pero sin el acto sexual? ¿Quizás esta fue una triple profecía, la tercera cumplida por Perseo, que era el hijo de la mujer humana llamada Dánae y que tenía a Zeus por padre? Zeus dejó embarazada a Dánae al bañarla con oro en lugar de hacerlo mediante el acto sexual, que era como un parto virginal. O tal vez esto podría haber sido una profecía cuádruple o más. Si uno permite una doble profecía, no hay razón para decir que el número se detendría en dos, excepto a través de la ilusión de la teología cristiana.

Entonces vemos que toda la historia del parto virginal se basa en un error de traducción de la palabra *ha almah*. Por lo tanto, recuerde que cuando un misionero cristiano, o la literatura misionera, haga referencia a un versículo de las Escrituras hebreas, busque el versículo en el hebreo original. La traducción cristiana puede ser una mala traducción.

Es posible que los primeros cristianos quisieran tener la historia del nacimiento de su Jesús para reflejar la misma naturaleza milagrosa que las historias de nacimiento de los dioses paganos de su época, por lo que se aferraron a la traducción errónea que se encuentra en la Septuaginta (traducción griega) del versículo de Isaías y construyó su historia del nacimiento de Jesús sobre este versículo. No es que el error de traducción de un verso bíblico llevó a la creencia sobre Jesús, sino que la creencia en Jesús, de que tenía que nacer de una virgen, por ejemplo, llevó al uso de un versículo mal traducido para validar la creencia ya existente.

Los primeros cristianos podrían haber sido judíos, pero estaban muy asimilados en el helenismo y a la cultura de esa época. Dado que otros dioses tuvieron nacimientos milagrosos, como el de Perseo explicado anteriormente, es posible que primero creyeron en el nacimiento virginal de Jesús, y luego encontraron un versículo que ya había sido mal traducido para indicar que Jesús estaba cumpliendo ese versículo. Los primeros cristianos que eran judíos usaron la traducción de la Septuaginta de las Escrituras hebreas al griego con mucha más frecuencia que el hebreo original. Esta es otra gran indicación de cuán asimilados estaban los primeros judíos cristianizados en la cultura pagana griega.

De hecho, la palabra "Septuaginta" solo debe referirse a la traducción griega de la Torá, los cinco libros de Moisés, y no a la totalidad de las Escrituras hebreas. La palabra "Septuaginta" viene de la palabra griega para "setenta", una referencia a la historia de setenta eruditos judíos que tradujeron la Torá al griego en habitaciones separadas entre sí, pero que salieron con exactamente la misma traducción. Los traductores griegos posteriores tomaron los libros restantes de las Escrituras hebreas, pero no sabemos quiénes eran, y sus traducciones simplemente no son tan exactas al hebreo original. Isaías fue traducido por uno de estos traductores desconocidos. Eventualmente, todos los libros de la Biblia judía fueron traducidos al griego y recopilados. Desafortunadamente, estas traducciones se denominan colectivamente de forma incorrecta "Septuaginta", pero en verdad, el término "Septuaginta" solo debería referirse a la traducción griega de la Torá y no a la traducción del resto de los libros de la Biblia judía.

No se sabe si estos primeros cristianos primero tenían la creencia de que su Jesús había nacido de una virgen como tantos otros dioses paganos y luego encontraron un pasaje en la mala traducción de la Septuaginta para justificar su creencia, o que simplemente basaron su historia en la mala traducción de la palabra hebrea *ha almah*. Lo que se sabe es que la base de su interpretación sigue siendo una palabra hebrea traducida incorrectamente.

B. Fuera de contexto

El hecho de que las historias en la vida de Jesús se basen en versículos tomados fuera de contexto se puede ver mejor al examinar la siguiente historia tomada de Mateo 2:13-15. Mateo cuenta la historia de José y María llevando a Jesús a Egipto para huir de Herodes, quien quería matar a Jesús. Cuando Herodes murió, José y María regresaron a la Tierra Prometida. Según la historia en Mateo, sacar a Jesús de Egipto fue un supuesto cumplimiento de un versículo encontrado en uno de los Profetas:

> Mateo 2:13-15 *Después que partieron ellos, he aquí un ángel del Señor apareció en sueños a José y dijo: Levántate y toma al niño y a su madre, y huye a Egipto, y permanece allá hasta que yo te diga; porque acontecerá que Herodes buscará al niño para matarlo. 14 Y él, despertando, tomó de noche al niño y a su madre, y se fue a Egipto, 15 y estuvo allá hasta la muerte de Herodes; para que se cumpliese lo que dijo el Señor por medio del profeta, cuando dijo: De Egipto llamé a mi Hijo.*

El versículo que Mateo afirma fue cumplido por Jesús cuando salió de Egipto se encuentra en Oseas. ¿Pero Dios, en el Libro de Oseas, se refería al Mesías, al hijo supuestamente mitad humano de Dios, o a alguien más? Veamos ahora toda la cita que se encuentra en Oseas 11:1:

> *Cuando Israel era muchacho, yo lo amé, y de Egipto llamé a mi hijo.*

Así vemos que Oseas se refería a Israel, la nación, como el hijo de Dios a quien sacó de Egipto. Oseas debe estar refiriéndose a algo específico para llamar a Israel "el hijo de Dios". Oseas se refería a la época en que Israel era un niño. Este tuvo que ser el Éxodo de Egipto, el evento en la historia judía que comenzó la historia de Israel como nación y no solo como descendientes de los Patriarcas. Oseas se refiere a Éxodo 4:21-23. En este pasaje, Dios le dice a Moisés lo que debe decirle al faraón, y Dios mismo se refiere a Israel como Su hijo:

> *Y el Eterno le dijo: —Cuando hayas vuelto a Egipto, ocúpate de hacer delante del faraón todas las maravillas que he puesto en tus manos; pero yo endureceré su corazón, de modo que no dejará ir al pueblo. 22 Entonces dirás al faraón: "el Eterno ha dicho así: Israel es mi hijo, mi primogénito. 23 Ya te he dicho que dejes ir a mi hijo, para que me sirva; pero si te niegas a dejarlo ir, yo mataré a tu hijo, a tu primogénito."*

Así vemos que Mateo ignoró el hecho de que Oseas se refería explícitamente a Israel en su juventud como nación. Mateo citó solo la segunda mitad del versículo de Oseas y basó su historia de Jesús en esta mitad del versículo.

Esto sería comparable a alguien haciendo la afirmación de que el rey David era ateo porque en la Biblia dijo: "No hay Dios". De hecho, la frase se encuentra en el Libro de los Salmos, escrito por el rey David. Sin embargo, al mirar todo el contexto de la frase, se podría leer:

> Salmo 53:1 *Dice el necio en su corazón: No hay Dios.*

El rey David no era ateo, y al leer todo el versículo uno ve que estaba llamando necio a los ateos.

Es importante notar que esta historia de Jesús entrando y saliendo de Egipto solo aparece en Mateo. Aunque Mateo toma la frase "De Egipto llamé a mi hijo" fuera de su contexto original, Mateo hace que parezca que la historia de Jesús huyendo a Egipto cumple una profecía bíblica. Sin embargo, como se señaló anteriormente, Lucas no dice nada acerca de que Jesús haya entrado en Egipto. Esto significaría que, si Mateo tenía razón, y entrar y salir de Egipto era una especie de profecía bíblica, entonces, según Lucas, Jesús nunca la cumplió.

Por lo tanto, hay que recordar que cuando un misionero cristiano, o la literatura misionera, haga referencia a un versículo de las Escrituras hebreas, busque el contexto completo en el que se encuentra. En todo su contexto, puede no decir, en absoluto, lo que los cristianos afirman que dice.

C. Inventos

Inventos de versículos

En Mateo 2:23 se puede demostrar el hecho de que los cristianos inventaron un versículo que en realidad no existe en ninguna parte de las Escrituras hebreas. En este versículo, el autor de Mateo hace que parezca que la oración "Lo llamarán nazareno" es un versículo de un profeta en las Escrituras hebreas. De hecho, hay traducciones cristianas en su Nuevo Testamento que ponen la frase completa, "Lo llamarán nazareno" entre comillas, para enfatizar que es, de hecho, un versículo citado de las Escrituras hebreas. Sin embargo, no hay ningún versículo en todas las Escrituras hebreas, ni nada remotamente cercano a la frase: "Lo llamarán nazareno". En todas las Escrituras hebreas, no se usa la palabra "nazareno", ni se menciona una ciudad o lugar llamado "Nazaret".

> Mateo 2:23 *y vino y habitó en la ciudad que se llama Nazaret, para que se cumpliese lo que fue dicho por los profetas, que habría de ser llamado nazareno.*

Los cristianos responderán diciendo que el Nuevo Testamento se refería a Jesús como una rama, que en Hebreo es *netzer*, o dirán que se refiere a Jesús como un nazir, uno que hizo un voto de nazarí.

Este no es el problema en cuestión. La pregunta es: Mateo hace que parezca que Jesús cumplió un versículo explícito que se encuentra en un profeta bíblico. ¿Dónde está ese versículo? No existe.

Inventos de historias para encajar versículos

El hecho de que las historias sobre Jesús se inventaron para que pareciera que Jesús cumplió una profecía sobre el Mesías que se encuentra en las Escrituras hebreas se puede demostrar mejor comparando historias en un Evangelio con la misma interpretación de la historia en otro Evangelio.

Nuestro primer ejemplo será mirar las dos versiones de las historias de nacimiento de Jesús que se encuentran en Mateo y en Lucas. Nuestro segundo ejemplo será mirar las historias de la primera entrada de Jesús a Jerusalén en Mateo y en Marcos.

Hay dos historias de nacimiento en el Nuevo Testamento, una en Mateo y otra en Lucas, pero apenas cuentan la misma historia. Nadie puede escribir una sola narrativa que tenga en cuenta todos y cada uno de los elementos de estas dos historias de nacimiento de Jesús, porque las historias no concuerdan mucho entre sí.

En la versión de Mateo, Jesús nace en una época de miedo, con Herodes buscando a Jesús para matarlo, lo que lleva a José y María a huir a Egipto con Jesús. Sin embargo, el ambiente descrito por Lucas es una época de paz con pastores que pastoreaban sus rebaños en las colinas de Judea, y sin ninguna mención de la búsqueda de Herodes. En Mateo, Jesús nace en casa, ya que José y María eran de Belén, mientras que en Lucas, José y María tuvieron que viajar a Belén desde Nazaret, y María tuvo que dar a luz a Jesús en un pesebre porque no había lugar en la posada. Mateo habla de una estrella, mientras que Lucas no dice nada de ella (¡y esa estrella fue vista en el este, mientras que los sabios estaban al este de Belén!). Mateo habla de sabios que buscan a Jesús, mientras que Lucas habla de pastores que vienen a visitar a Jesús. ¿Acaso no necesitaba Lucas que fueran sabios, sabios en los aspectos de la astrología, ya que no dice nada sobre una estrella?

Si estas historias no hubieran sido simplemente inventadas (lo más probable es para mostrar que Jesús también tuvo un nacimiento milagroso como los dioses paganos de esa época) habrían acordado muchos más detalles, especialmente si estos textos realmente fueran "la verdad del Evangelio".

Por lo tanto, cuando un cristiano misionero, o la literatura misionera, trate de decirle que una historia sobre Jesús se refleja en una historia de las Escrituras hebreas, revise si hay otra versión de esta historia en otra parte del Nuevo Testamento cristiano. Si las dos versiones no son exactamente iguales, entonces las historias podrían haberse inventado para que parezca que Jesús cumplió esos versículos.

Además, recuerde que desde la época de Jesús ha habido 14 personas que afirmaron haber sido el Mesías judío. Ninguno de ellos se sintió obligado a afirmar que había nacido de una virgen (o, para el caso, haber nacido en Belén) porque los judíos nunca creyeron que el Mesías nacería de una virgen. Nacer de una virgen impediría que ese niño sea el Mesías, como discutimos en el Capítulo 9.

Como un segundo ejemplo de historias que se inventaron sobre Jesús para mostrar que cumplió los versículos bíblicos, veamos dos versiones de la historia de la primera entrada de Jesús en Jerusalén. Mateo describe a Jesús montado sobre dos animales, mientras que Marcos describe a Jesús montado sobre un animal:

> Mateo 21:1-7 *Cuando se acercaron a Jerusalén, y vinieron a Betfagé, al monte de los Olivos, Jesús envió dos discípulos, 2 diciéndoles: Id a la aldea que está enfrente de vosotros, y luego hallaréis **una asna atada, y un pollino con ella; desatadla, y traédmelos**. 3 Y si alguien os dijere algo, decid: El Señor **los** necesita; y luego **los** enviará. 4 Todo esto aconteció para que se cumpliese lo dicho por el profeta,*

cuando dijo: Decid a la hija de Sion: He aquí, tu Rey viene a ti, Manso, y sentado sobre una asna, Sobre un pollino, hijo de animal de carga. 6 Y los discípulos fueron, e hicieron como Jesús les mandó; 7 y trajeron **el asna y el pollino,** *y pusieron sobre ellos sus mantos; y él se sentó encima.*

Marcos 11:1-7 *Cuando se acercaban a Jerusalén, junto a Betfagé y a Betania, frente al monte de los Olivos, Jesús envió dos de sus discípulos, 2 y les dijo: Id a la aldea que está enfrente de vosotros, y luego que entréis en ella, hallaréis* **un pollino atado**, *en el cual ningún hombre ha montado;* **desatadlo y traedlo.** *3 Y si alguien os dijere: ¿Por qué hacéis eso? decid que el Señor* **lo** *necesita, y que luego* **lo** *devolverá. 4 Fueron, y hallaron el pollino atado afuera a la puerta, en el recodo del camino, y* **lo desataron.** *5 Y unos de los que estaban allí les dijeron: ¿Qué hacéis desatando* **el pollino?** *6 Ellos entonces les dijeron como Jesús había mandado; y los dejaron. 7 Y trajeron* **el pollino** *a Jesús, y echaron sobre él sus mantos, y se sentó sobre él.*

¿Por qué las dos historias, que supuestamente describen informes de testigos oculares del mismo evento, son diferentes? Por supuesto, uno podría responder diciendo que los testigos describirán el mismo evento de manera diferente. Pero se supone que estas historias son la "Verdad del Evangelio" e inspiradas por Dios. Mateo nuevamente hace que parezca que Jesús estaba cumpliendo una profecía sobre el Mesías al cabalgar sobre dos animales. Si esto es realmente una profecía, entonces según Marcos, Jesús no cumplió la profecía porque según Marcos, Jesús entró en Jerusalén montado en un solo animal.

¿Por qué entonces hay una diferencia entre las dos historias? Para entender esto, debe examinar la fuente de la profecía sobre el Mesías que se encuentra en Zacarías 9:9-10:

Alégrate mucho, hija de Sion; da voces de júbilo, hija de Jerusalén; he aquí tu rey vendrá a ti, justo y salvador, humilde, y cabalgando sobre un asno, sobre un pollino hijo de asna. 10 Y de Efraín destruiré los carros, y los caballos de Jerusalén, y los arcos de guerra serán quebrados; y hablará paz a las naciones, y su señorío será de mar a mar, y desde el río hasta los fines de la tierra.

Cuando Zacarías escribió en el versículo 9 anterior, "viene montado en un asno, en un pollino, cría de asna", ¿estaba hablando de un asno o de dos? Mateo entendió que Zacarías hablaba de dos animales, por lo que escribió su historia sobre Jesús montado en dos. Mark entendió que Zacarías estaba hablando de un animal, por lo que escribió su historia sobre Jesús montado en uno.

Zacarías estaba hablando de un solo animal. Estaba usando la antigua forma de poesía hebrea que implica una rima por repetición de ideas, repitiendo la misma idea, pero usando palabras diferentes y no una rima de sonidos. Esta poesía bíblica se llama paralelismo. Observe casi cualquier salmo y verá esto claramente.

Por ejemplo, lea Salmos 19:7:

La ley del Eterno es perfecta, que convierte el alma; El testimonio del Eterno es fiel; que hace sabio al sencillo.

En el versículo anterior, "la ley del Eterno" es paralela a "el testimonio del Eterno", y "perfecta" es paralelo a "fiel", e "convierte el alma" es paralela a "hace sabio al sencillo".

La cita de Zacarías también nos dice que el Mesías "hablará paz a las naciones", y que el Mesías gobernará "de mar a mar". Jesús dijo en Mateo 10:34 que su propósito al venir era traer una espada y no para traer paz, y Jesús nunca gobernó de mar a mar, excepto en las mentes de los cristianos creyentes.

Cuando un misionero cristiano, o literatura misionera, trata de decirle que una historia sobre Jesús se refleja en una historia o versículo de las Escrituras hebreas, vea si hay otra versión de esa historia en otra parte del Nuevo Testamento cristiano. Si las dos versiones no son exactamente iguales, entonces cada una de las historias podría haberse inventado independientemente una de la otra para que parezca que Jesús cumplió algo en las Escrituras hebreas.

D. Tipologías

¿Qué es una tipología? Una tipología es donde una historia o narrativa o incluso un personaje en las Escrituras hebreas se ve como un tipo o modelo, como una profecía, una precuela, o un presagio de la historia o narrativa o personaje de Jesús.

Un ejemplo perfecto de esto se puede ver en Mateo donde Jesús se compara a sí mismo y lo que le sucederá con la historia de Jonás:

> Mateo 12:38-40 *Entonces respondieron algunos de los escribas y de los fariseos, diciendo: Maestro, deseamos ver de ti señal. 39 Él respondió y les dijo: La generación mala y adúltera demanda señal; pero señal no le será dada, sino la señal del profeta Jonás. 40 Porque como estuvo Jonás en el vientre del gran pez tres días y tres noches, así estará el Hijo del Hombre en el corazón de la tierra tres días y tres noches.*

Arriba, la narración de Jesús usa la historia de Jonás para hacer que parezca que la teología del cristianismo, la muerte y resurrección de Jesús, está previamente figurada o presagiada en la historia de Jonás.

El uso de tipologías es problemático. Una tipología puede hacer parecer que una historia bíblica es una especie de profecía de Jesús, pero después de un examen más detallado, las dos historias no se parecen entre sí.

La siguiente anécdota ejemplifica esto:

Un día, Jesús estaba en el cielo y decidió buscar a su padre terrenal. Entonces, fue al área del Cielo reservada para carpinteros. Se encontró con un carpintero y comenzó una conversación con él. En el curso de su conversación, Jesús le preguntó:

— ¿Usted tuvo hijos?

Ante esta pregunta, el carpintero se animó y dijo:

— ¡Oh, sí, tuve un hijo y él fue muy especial!

Jesús se animó y preguntó:

— ¿En serio? ¿Qué lo hizo tan especial?

El carpintero respondió:

— Bueno, se pensaba que era humano, pero no comenzó de esa manera. ¡Tenía agujeros en las manos y los pies, ¡murió y volvió a la vida!

Jesús corrió para abrazar al hombre y exclamó:

— ¡Padre!

Y el carpintero corrió hacia Jesús y gritó:

— ¡Pinocho!

A primera vista, es cierto que la descripción de Pinocho, de hecho, sonaba como la descripción de Jesús. Pinocho comenzó su vida con un cuerpo de madera, y se hizo humano, mientras que Jesús, según el cristianismo, comenzó como Dios y se hizo humano. Pinocho tenía agujeros en sus manos y pies porque era una marioneta, mientras que Jesús tenía agujeros en sus manos y pies por la crucifixión. Pinocho murió, pero el Hada Azul lo trajo de vuelta a la vida como un niño de verdad, mientras que Jesús, según las creencias cristianas, murió y volvió a la vida cuando resucitó. Sin embargo, tras un examen más detallado de las vidas de Pinocho y Jesús, no se parecían en nada.

De manera similar, si uno examinara de cerca las historias utilizadas como tipologías tomadas de las Escrituras hebreas y las comparara con la vida de Jesús, vería que ellas tampoco coinciden.

Por ejemplo, en el uso de la historia de Jonás, arriba, Jesús declara explícitamente que, como Jonás estuvo en el vientre de la ballena durante tres días y tres noches, Jesús estaría enterrado en la tierra durante tres días y tres noches. Sin embargo, si uno simplemente recuerda la historia de Jesús como se describe en el Nuevo Testamento de los cristianos y la forma en que se celebra en todo el mundo, Jesús fue crucificado y enterrado el viernes (llamado Viernes Santo) y resucitó el domingo (llamado Domingo de Pascua):

Viernes - el primer día
Viernes por la noche - la primera noche
Sábado - el segundo día
Sábado por la noche - la segunda noche
Domingo por la mañana - Jesús resucitó

Pero si el domingo, en algún momento del día, supuestamente resucitó, ¿dónde está la tercera noche? Jesús, según la historia de Mateo, ni siquiera cumplió su propia tipología o profecía de estar en la tierra durante tres días y tres noches, ya que Jonás estuvo en la ballena durante ese período de tiempo.

En Juan, este problema se agrava, porque según Juan, Jesús no pasó ninguna parte del día del domingo en la tierra porque la tumba ya estaba vacía antes del amanecer:

Juan 20:1-2 *El primer día de la semana, María Magdalena fue de mañana, siendo aún oscuro, al sepulcro; y vio quitada la piedra del sepulcro. 2 Entonces corrió, y fue a Simón Pedro y al otro discípulo, aquel al que amaba Jesús, y les dijo: Se han llevado del sepulcro al Señor, y no sabemos dónde le han puesto.*

Esto significaría que, según Juan, Jesús solo fue enterrado por dos días y dos noches.

Las tipologías a primera vista pueden parecer que reflejan la historia de Jesús, pero después de un análisis más detallado a la tipología y la historia de Jesús, nos podemos dar cuenta que no coinciden, y la historia bíblica no se puede utilizar como una ilustración previa de la vida de Jesús.

CAPÍTULO 14

LOS DIEZ TEXTOS DE PRUEBA MÁS UTILIZADOS

En el contexto de esta discusión, un texto de prueba es un versículo, o versículos, tomados de las Escrituras hebreas, que los cristianos creen que estaban destinados a ser una profecía del Mesías, y que Jesús cumplió. Estos textos de prueba se utilizan para demostrar que lo que los cristianos creen se refleja en las Escrituras hebreas.

Con respecto a los versículos en las Escrituras hebreas, hay cuatro tipos de versículos:

1. Los versículos que tanto los judíos como los cristianos están de acuerdo no tienen nada que ver con el Mesías. Aunque es cierto que cualquier versículo puede interpretarse como algo que tiene que ver con el Mesías, hay versos que nadie cree que lo hagan.

2. Los versículos que tanto los judíos como los cristianos creen están relacionados con el Mesías, o con el período o los eventos que involucran al Mesías.

3. Los versículos que los cristianos dicen están relacionados con el Mesías, mientras que los judíos no.

4. Los versículos que los judíos dicen están relacionados con el Mesías, mientras que los cristianos no.

Es interesante señalar que los versículos que tanto judíos como cristianos están de acuerdo que son versículos mesiánicos, que tienen algo que ver con el mesías o su venida, aún no se han cumplido. Por eso los cristianos inventaron la idea de una segunda venida, y que Jesús hará todo lo que queda por hacer cuando regrese.

Los versículos que los cristianos usan como textos de prueba, por lo general, se incluyen en la tercera categoría.

Aunque uno podría dar una interpretación cristiana a todos y cada uno de los versículos de la Biblia, para nuestro propósito solo vamos a ver diez de los versos más comúnmente usados de las Escrituras hebreas por parte de cristianos para hacer proselitismo de los judíos al cristianismo, juntos con las respuestas judías. En la bibliografía, encontrará referencias a otros libros que ofrecen una respuesta más completa.

Cuando uno compara la interpretación dada por los cristianos a estos versículos al significado simple de los versículos en cuestión, a otros versículos en las Escrituras hebreas, o a los versículos en el Nuevo Testamento del cristiano, se puede ver que la interpretación cristiana no es válida o que Jesús no la cumplió. Lea la introducción de este libro para comprender completamente este punto. Vamos a proporcionar otra interpretación, una que, a diferencia de la interpretación cristiana, se ajusta a las creencias y valores establecidos por otros versículos de la Biblia, para demostrar que hay una interpretación alternativa que es más válida que la interpretación cristiana, porque se ajusta a las creencias y valores establecidos por otros versículos de la Biblia.

1. Génesis 1:1

Génesis 1:1 *En el principio creó Dios los cielos y la tierra.*

Cuando uno lee el primer versículo de la Biblia, es posible que no note cómo el cristianismo podría utilizar este versículo para probar una afirmación cristiana. Sin embargo, los cristianos ven en este versículo una indicación de la Trinidad, la creencia de que Dios está formado por tres "personas": el Padre, el Hijo y el Espíritu Santo. Para entender cómo los cristianos ven esto en este versículo, es necesario leerlo en el hebreo original. Transcrito para los propósitos de este libro, el hebreo dice: *B'raysheet Bara Eloheem Et Hashamayim V'et Ha-aretz.*

Los cristianos ven que la palabra en el versículo usado para "Dios" es la palabra *Eloheem.* Señalan que el final "eem" indica un plural en el idioma hebreo, y tienen razón: generalmente el *eem* al final de la palabra indica un plural. Por ejemplo, *sefer* es "libro", mientras que *sefareem* es "libros".

Sin embargo, no todas las palabras con *eem* al final son plurales. Por ejemplo, la palabra *ma-yeem* es "agua" y no "aguas", al igual que la palabra *paneem,* que significa "cara" y no "caras".

En los ejemplos anteriores, los verbos y adjetivos que se usarían para el sujeto de *pa-neem* y para *ma-yeem* tendrían que coincidir, y ambos tendrían que ser plurales. Sin embargo, el verbo en Génesis 1:1 es *bara,* y no está en plural, que sería *bar-u.* Esto significa que el hebreo no reconoce la palabra para Dios, *Eloheem,* como una palabra plural.

La mejor respuesta a esta afirmación cristiana es entender que no hay motivo para presumir que una referencia plural a Dios significa tres. Un plural es simplemente más de uno. Puede indicar 2, 3, 5 o incluso 235.000. No hay nada que indique que una referencia plural a Dios significa específicamente tres. Si a uno se le exigiera ver que plurales en relación con Dios hagan referencia a una Trinidad, ¿significa que alguien con un *paneem* (una cara) en hebreo, en realidad tiene tres caras?

Como dijimos en la introducción de esta sección, la forma en que alguien interpreta un versículo bíblico está influenciada por las experiencias y creencias del lector. Un cristiano presume que las referencias plurales a Dios siempre significan tres porque un cristiano comienza con la suposición de que Dios es una Trinidad.

Sin embargo, ¿qué pasa si un hindú, con su creencia en múltiples dioses, lee el mismo versículo? El hindú ciertamente podría afirmar que el versículo se refería a la multiplicidad de dioses hindúes, mientras que el cristiano afirmaría que el versículo se refería a su Trinidad, y el judío mantendrá que se refiere a un Dios absoluto. Por supuesto, la afirmación judía se basará en el verbo "creó" en singular y la existencia de otras palabras que, como *Eloheem*, parecen ser plurales, pero no lo son. Además, la afirmación judía se basará en la idea judía del monoteísmo absoluto, que Dios es Único e indivisible. Sin embargo, los cristianos y los hindúes son libres de rechazar la afirmación judía, que es justamente lo que los hace cristianos o hindúes.

También hay que señalar que la palabra *Eloheem* también se usa en la Biblia para referirse a los ídolos paganos. En los Diez Mandamientos leemos:

> Éxodo 20:3 *No tendrás dioses <eloheem> ajenos delante de mí.*

Para ser exactos, la raíz de la palabra *Eloheem* significa "poder". La Biblia usa la palabra *Eloheem* para referirse a Dios, porque Dios es el poder supremo, sin embargo, cuando lo hace, usa un verbo que es singular, no reconoce el sujeto *Eloheem* como plural.

2. Génesis 1:26

Uno ve el mismo problema que resulta de una referencia plural a Dios en otro versículo comúnmente usado por los cristianos para demostrar que su concepto de la Trinidad se encuentra en las Escrituras hebreas.

> Génesis 1:26 *Entonces dijo Dios: Hagamos al hombre a nuestra imagen, conforme a nuestra*

semejanza; y señoree en los peces del mar, en las aves de los cielos, en las bestias, en toda la tierra, y en todo animal que se arrastra sobre la tierra.

Debido a que lo anterior también se refiere a Dios en plural, "Hagamos al hombre a nuestra imagen...", los cristianos afirmarán que esta referencia plural a Dios indica su Trinidad. Sin embargo, la misma objeción mencionada anteriormente con respecto a Génesis 1:1 también se puede aplicar aquí. El hecho de que el término "Hagamos" se refiera a Dios y está en plural, no significa necesariamente una Trinidad. Los plurales son más de uno, y este plural también puede interpretarse en el sentido de 2, 3 o 3 millones. Los hindúes también pueden interpretarlo para indicar la multiplicidad de sus dioses.

Para entender la interpretación judía de este versículo, se debe saber que, en los versículos anteriores, Dios había pedido a la Tierra que ayudara en la creación de la vida vegetal, así como en la creación de las otras criaturas vivientes:

Génesis 1:11-12 *Después dijo Dios: Produzca la tierra hierba verde, hierba que dé semilla; árbol de fruto que dé fruto según su género, que su semilla esté en él, sobre la tierra. Y fue así. 12 Produjo, pues, la tierra hierba verde, hierba que da semilla según su naturaleza, y árbol que da fruto, cuya semilla está en él, según su género. Y vio Dios que era bueno.*

Génesis 1:24-25 *Luego dijo Dios: Produzca la tierra seres vivientes según su género, bestias y serpientes y animales de la tierra según su especie. Y fue así. 25 E hizo Dios animales de la tierra según su género, y ganado según su género, y todo animal que se arrastra sobre la tierra según su especie. Y vio Dios que era bueno.*

El judaísmo cree que los seres humanos están compuestos tanto de carne y sangre, que es lo material, como del alma, que es lo espiritual. La Tierra provee lo material, mientras que Dios provee el alma, lo espiritual. Además, cuando una persona muere, el judaísmo cree que la carne y la sangre del difunto regresan a la tierra, mientras que el alma regresa a Dios. Esto se ve en Eclesiastés 12:7, donde lo dice explícitamente:

> *y el polvo vuelva a la tierra, como era, y el espíritu vuelva a Dios que lo dio.*

Desde la perspectiva judía, Dios le estaba hablando a la Tierra cuando dijo "Hagamos al hombre...", lo cual se evidencia en el relato bíblico solo unos pocos versículos antes, cuando también usó a la Tierra en la creación de plantas y animales. Hay otras interpretaciones judías igualmente válidas de este versículo del Génesis, y cada una mantendrá el monoteísmo absoluto de la Biblia. La interpretación discutida anteriormente es la más simple y fácil de explicar, y se demuestra en los versículos que preceden al versículo en cuestión. Para otras interpretaciones judías igualmente válidas de estos versículos, consulte la bibliografía.

3. Génesis 3:22

Y nuevamente, en los siguientes versículos, los cristianos verán el uso de un plural en relación con Dios, y presumirán que significa la Trinidad.

> *Génesis 3:22-24 Y dijo el Eterno Dios: He aquí el hombre es como uno de nosotros, sabiendo el bien y el mal; ahora, pues, que no alargue su mano, y tome también del árbol de la vida, y coma, y viva para siempre. 23 Y lo sacó el Eterno del huerto de Edén,*

para que labrase la tierra de que fue tomado. 24 Echó, pues, fuera al hombre, y puso al oriente del huerto de Edén querubines, y una espada encendida que se revolvía por todos lados, para guardar el camino del árbol de la vida.

Dios podría haber estado usando lo que se conoce como el *pluralis majestatis*, el "plural mayestático". Muchos están familiarizados con la declaración hecha por la reina Victoria a principios del siglo XX: "No nos hace gracia", refiriéndose a ella misma. Una vez más, incluso si se tratara de una referencia plural a Dios, no tiene que significar tres, podría significar tres mil. Si los hindúes interpretaran estos versículos diciendo que se refiere a la multiplicidad de dioses hindúes, ¿cómo podría un cristiano afirmar que la interpretación hindú es menos válida que la suya?

Hay un significado más obvio que se encuentra en todo el pasaje y en el significado simple de los versículos. Dios le está hablando a alguien (o a algunos) que, como Dios, conocen la diferencia entre el bien y el mal, y que, como Dios, son inmortales. Unos versículos antes de Génesis 3:22, Dios ya había creado a los ángeles, los ejércitos del cielo.

Génesis 2:1 *Fueron, pues, acabados los cielos y la tierra, y todo el ejército de ellos.*

Desde la perspectiva judía, en Génesis 3:22, Dios estaba hablando a los ejércitos celestiales, a los ángeles. Los ángeles, como Dios, son inmortales y, como Dios, conocen la diferencia entre el bien y el mal. Esto es lo que dicen estos versículos. Adán y Eva comieron el fruto del árbol del conocimiento del bien y del mal, y, por lo tanto, conocen la diferencia entre el bien y el mal. Sin embargo, a diferencia de Dios y los ángeles, Adán y Eva siguen siendo mortales. Si luego comieran del árbol de la vida, se volverían inmortales, por lo que Dios los separa del árbol de la vida, retirándolos del jardín del

Edén, y luego los mantiene alejados del árbol de la vida, colocando querubines con espadas encendida para proteger el camino hacia el árbol de la vida. Esto es exacta y explícitamente lo que dicen los versículos;

> *Y dijo el Eterno Dios: He aquí el hombre es como*
> *uno de nosotros, sabiendo el bien y el mal; ahora, pues,*
> *que no alargue su mano, y tome también del árbol de*
> *la vida, y coma, y viva para siempre. 23 Y lo sacó el*
> *Eterno del huerto de Edén, para que labrase la tierra*
> *de que fue tomado. 24 Echó, pues, fuera al hombre, y*
> *puso al oriente del huerto de Edén querubines, y una*
> *espada encendida que se revolvía por todos lados, para*
> *guardar el camino del árbol de la vida.*

Una y otra vez, solo porque hay algún uso de una palabra plural en relación con Dios, no significa una Trinidad. Al observar el versículo en contexto, o al conocer el idioma original, podemos ver que la comprensión judía del versículo sigue estando en consonancia con el monoteísmo absoluto que se encuentra en el resto del texto bíblico.

4. Génesis 49:10

Los cristianos entienden que el siguiente versículo significa que cuando venga el Mesías, que ellos creen ha sido Jesús, el reinado ya no pertenecerá a la tribu de Judá, y que el gobierno de los judíos sobre su propia Tierra Prometida terminará.

> Génesis 49:10 *No será quitado el cetro de Judá,*
> *Ni el legislador de entre sus pies, Hasta que venga*
> *Siloh; Y a él se congregarán los pueblos.*

El cetro es el símbolo del poder real. Cuando el texto dice que "No será quitado el cetro de Judá... Hasta que venga Siloh", los cristianos interpretan que esto significa que cuando venga Siloh, a quien creen que significa su Mesías Jesús, entonces el gobierno de la Tribu de Judá terminará. Dado que los judíos fueron exiliados de la Tierra Prometida casi 40 años después de la llegada de Jesús, los cristianos dirán que esta profecía se cumplió con la venida de Jesús.

Sin embargo, hay algunos errores en esta interpretación.

Si tuviera que decirle "habrá dinero en su cuenta bancaria hasta que le paguen", ¿eso significaría que después de que le paguen ya no habrá dinero en su cuenta bancaria? ¿No significaría, en cambio, que incluso después de cobrar seguiría habiendo dinero en su cuenta bancaria? Se supone que el Mesías reinará sobre Israel y se supone que es de la Tribu de Judá, lo que significa que hasta que venga el Mesías, e incluso después de que venga el Mesías, el cetro seguirá perteneciendo a un miembro de la Tribu de Judá, es decir, al Mesías.

En segundo lugar, incluso si Jesús hubiera sido el Mesías, según el cristianismo, Jesús era supuestamente de la tribu de Judá, por lo que el cetro aún pertenecería a Judá durante el "reinado" de Jesús, aunque Jesús nunca reinó sobre nada, excepto en las mentes de los cristianos. Para los judíos, el Mesías aún no ha venido, y hasta que él venga, el cetro le pertenece, y cuando llegue el verdadero Mesías, el cetro seguirá siendo suyo.

El mayor problema con la interpretación cristiana es que en el año 586 a. e. c., los babilonios invadieron Jerusalén, se llevaron al rey Sedequías al exilio y destruyeron el templo. Sedequías fue el último descendiente del rey David que se sentó en el trono y reinó sobre la Tierra Prometida. Desde los babilonios, ha habido una larga sucesión de dominación extranjera sobre la tierra de Israel: los persas, luego los griegos, luego los romanos (que habían estado gobernando sobre la tierra de Israel durante 64 años antes de que Jesús naciera), luego los turcos, y luego los ingleses. Durante estos períodos de dominio extranjero sobre la Tierra Prometida, ocasionalmente podría haber un judío para gobernar la tierra para las potencias extranjeras, sin embargo, no había un rey judío que tuviera soberanía completa sobre la tierra. Históricamente, por lo tanto, incluso si uno estaba de acuerdo con la interpretación cristiana de este versículo, entonces "el cetro" había sido "quitado de Judá" casi 600 años antes de que Jesús naciera, cuando terminó el reinado de Sedequías.

5. Levítico 17:11

Este versículo se analizó extensamente en el Capítulo 7. Sin embargo, a efectos del presente debate sobre la comparación de interpretaciones, también lo veremos aquí.

Los cristianos creen que para que uno sea perdonado de sus pecados, tiene que haber un sacrificio de sangre. Así es como interpretan Levítico 17:11, que dice:

> *Porque la vida de la carne en la sangre está, y yo os la he dado para hacer expiación sobre el altar por vuestras almas; y la misma sangre hará expiación de la persona.*

Tomado fuera de contexto, uno podría entender esta cita de la misma manera que los cristianos. Sin embargo, cuando lea el pasaje completo de Levítico, verá que este versículo es parte de un pasaje completo que simplemente trata de decir que uno no debe beber la sangre de ningún sacrificio, como solían hacer los paganos de ese período.

> *Levítico 17:10-12 Si cualquier varón de la casa de Israel, o de los extranjeros que moran entre ellos, comiere alguna sangre, yo pondré mi rostro contra la persona que comiere sangre, y la cortaré de entre su pueblo. 11 Porque la vida de la carne en la sangre está, y yo os la he dado para hacer expiación sobre el altar*

por vuestras almas; y la misma sangre hará expiación de la persona. 12 Por tanto, he dicho a los hijos de Israel: Ninguna persona de vosotros comerá sangre, ni el extranjero que mora entre vosotros comerá sangre.

A menudo, cuando los cristianos usan versículos para tratar de convertir a los judíos, solo te mostrarán un verso. Siempre debemos ver todo el contexto en el que se encuentra ese versículo, porque el contexto puede mostrar que la interpretación cristiana es simplemente una mala interpretación.

En el momento en que Jesús vivía, el 80% de todos los judíos en el mundo vivían fuera de la tierra de Israel, lejos de Jerusalén, lejos del templo, sin la capacidad de realizar sacrificios de animales. No vivían con el temor de que Dios no perdonara sus pecados. Esto se debe sencillamente a que los judíos nunca sintieron que los sacrificios de animales eran el único medio para conseguir el perdón.

Los cristianos afirman que uno debe tener un sacrificio de sangre para el perdón del pecado. Sin embargo, si uno puede ver siquiera un solo lugar en las Escrituras hebreas donde Dios perdona el pecado sin un sacrificio de sangre, entonces uno no necesita un sacrificio de sangre para ser perdonado. Y hay muchas, muchas citas en toda la Biblia que prueban este punto. Debido a que esto se discutió en detalle en el Capítulo 7, solo veremos algunos.

Es en el Libro de Levítico donde se discute todo el sistema de sacrificios. Y en Levítico, justo en medio de la descripción de los sacrificios, tenemos una cita que prueba que los sacrificios de sangre no son necesarios para el perdón del pecado.

Levítico 5:11-13 *Mas si no tuviere lo suficiente para dos tórtolas, o dos palominos, el que pecó traerá como ofrenda la décima parte de un efa de flor de harina para expiación. No pondrá sobre ella aceite, ni sobre ella pondrá incienso, porque es expiación. 12 La traerá, pues, al sacerdote, y el sacerdote tomará de*

*ella su puño lleno, para memoria de él, y la hará arder
en el altar sobre las ofrendas encendidas al Eterno; es
expiación. 13 Y hará el sacerdote expiación por él en
cuanto al pecado que cometió en alguna de estas cosas,
y será perdonado; y el sobrante será del sacerdote, como
la ofrenda de vianda.*

Por lo tanto, vemos que, si alguien no puede pagar ninguno de los animales, la ofrenda de harina le proporcionará el mismo perdón que los sacrificios de animales. La harina no tiene sangre, la harina no tiene vida para ser sacrificada y, sin embargo, con el sacrificio de la harina, el pecador aún sería perdonado. Sí, de hecho, un sacrificio de sangre fuera absolutamente necesario para el perdón del pecado, entonces el uso de la harina no hubiera sido posible, incluso si fuera solo para los pobres.

Tenemos otro ejemplo del perdón del pecado sin la necesidad de ningún sacrificio de sangre. En el Libro de Jonás, leemos cómo Dios le dijo a Jonás que fuera con los ninivitas para que se arrepintieran de sus pecados. A Jonás no le gustaba el pueblo de Nínive. Sabía que se arrepentirían si les advertía, pero prefería su destrucción. Jonás trató de huir de Dios, pero, en cambio, fue traído de vuelta a la tierra en el vientre de la ballena. Entonces Jonás obedeció a Dios y llegó a Nínive. Allí, les advirtió sobre la intención de Dios de destruirlos si no buscaban la expiación de sus pecados. La gente, desde el rey hacia abajo, oró a Dios por perdón, ayunando sin comer ni beber, y detuvieron sus malos caminos. ¿Y luego qué pasó?

*Jonás 3:10 Y vio Dios lo que hicieron, que se
convirtieron de su mal camino; y se arrepintió del mal
que había dicho que les haría, y no lo hizo.*

La gente de Nínive no realizó ningún sacrificio. Hicieron casi lo mismo que los judíos en todo el mundo en el Día de la Expiación, pasando el día en oración y ayuno. El pueblo de

Nínive fue perdonado por sus pecados, sin la necesidad de ningún sacrificio de sangre, así como nosotros, ahora, somos perdonados por nuestros pecados sin la necesidad de ningún sacrificio de sangre.

La mayoría de las personas conocen la función del chivo expiatorio descrita en Levítico 16:20-22. Los pecados de la gente fueron colocados simbólicamente en la cabeza del chivo que luego fue desterrado al desierto. A pesar de que el ritual descrito en la Biblia no llama a matar al chivo, aunque no hubo sacrificio de sangre, los pecados de la gente fueron perdonados.

Del mismo modo, la mayoría de la gente sabe que los sacrificios de sangre se llevaban a cabo solo en el templo que fue construido por Salomón. En 1 Reyes 8, Salomón dedica el templo al Único Dios Verdadero, el único templo en la tierra dedicado al Único Dios Verdadero. En esa dedicación, Salomón declara que llegaría un momento en que los judíos, como resultado de sus pecados, serían exiliados de la Tierra Prometida. Rezó para que cuando estuvieran en la tierra de sus enemigos, todo lo que tendrían que hacer para ser perdonados por sus pecados era rezar y rezar hacia el templo (razón por la cual las sinagogas y los templos miran hacia el este, cuando están en occidente), para arrepentirse de sus pecados y dejar de pecar, tal como aprendimos anteriormente de Jonás.

> 1 Reyes 8:46-50 *Si pecaren contra ti (porque no hay hombre que no peque), y estuvieres airado contra ellos, y los entregares delante del enemigo, para que los cautive y lleve a tierra enemiga, sea lejos o cerca, 47 y ellos volvieren en sí en la tierra donde fueren cautivos; si se convirtieren, y oraren a ti en la tierra de los que los cautivaron, y dijeren: Pecamos, hemos hecho lo malo, hemos cometido impiedad; 48 y si se convirtieren a ti de todo su corazón y de toda su alma, en la tierra de sus enemigos que los hubieren llevado cautivos, y oraren a ti con el rostro hacia su tierra que tú diste a sus padres, y hacia la ciudad que tú elegiste y la casa*

que yo he edificado a tu nombre, 49 tú oirás en los
cielos, en el lugar de tu morada, su oración y su súplica,
y les harás justicia. 50 Y perdonarás a tu pueblo que
había pecado contra ti, y todas sus infracciones con
que se hayan rebelado contra ti, y harás que tengan de
ellos misericordia los que los hubieren llevado cautivos;

Lo interesante de los versículos anteriores es que Salomón, quien ofreció esta oración en la dedicación del lugar donde se ofrecerían los sacrificios de sangre, tenía que haber sabido que un sacrificio de sangre no era necesario para la expiación. Si hubiera sentido que era necesario un sacrificio de sangre, no se habría molestado en rezar esta oración. De hecho, Dios perdona nuestros pecados y nos otorga expiación cuando nos arrepentimos, cuando confesamos nuestros pecados, cuando rezamos por perdón, y cuando no cometemos el pecado nuevamente, teniendo la oportunidad de hacerlo.

Hay muchos otros lugares en la Biblia donde los pecados fueron perdonados sin la necesidad de un sacrificio de sangre de un animal. Se puede ver que, dado que la Biblia nunca afirmó que se requiere un sacrificio de sangre para el perdón del pecado, la interpretación cristiana de Levítico 17:11 no es bíblica.

6. Isaías 9:6-7

Isaías 9:6-7 *Porque un niño nos es nacido, hijo nos*
es dado, y el principado sobre su hombro; y se llamará
su nombre Admirable, Consejero, Dios Fuerte, Padre
Eterno, Príncipe de Paz. 7 Lo dilatado de su imperio
y la paz no tendrán límite, sobre el trono de David y
sobre su reino, disponiéndolo y confirmándolo en juicio
y en justicia desde ahora y para siempre. El celo del
Eterno de los ejércitos hará esto.

Los cristianos ven que los versículos anteriores de Isaías 9 hablan de Jesús, quien vino al mundo cuando era niño. Sin embargo, después de haber leído la cita anterior, me vienen a la mente algunas preguntas.

¿Cuándo dirigió Jesús algún gobierno? ¿Cuándo se le llamó a Jesús un "Consejero admirable", un "Dios fuerte", un "Padre eterno", o un "Príncipe de paz"? Jesús nunca fue llamado por ninguno de estos nombres en ninguna parte del Nuevo Testamento cristiano y tampoco en su propia vida.

Los cristianos siempre parecen malinterpretar esta cita. Esto se debe a que no entienden el hebreo, ni entienden los nombres, ni tampoco entienden los nombres hebreos.

En cualquier idioma, cada nombre tiene un significado. El nombre Antonio significa "valiente", y el nombre Alejandro significa "protector". Si le diéramos a un niño el primer y segundo nombre de Anthony Alexander, ¿quiere decir que estamos declarando que ese niño es "un protector valiente"? ¿Le gritaríamos, "Oye, protector valiente, cómo estás"? Por supuesto que no. Usaríamos ambos nombres, y no el significado de sus nombres.

Los nombres hebreos a veces dicen algo sobre Dios. El nombre Miguel significa "quién es como Dios". El nombre Eliú significa "mi Dios es Él" o "Él es mi Dios". El nombre Emanuel significa "Dios está con nosotros", solo para dar algunos ejemplos. Si alguien tiene el nombre Eliú (nuevamente, que significa "Él es mi Dios"), ¿significa que la persona conocida como Eliú es Dios? Estos nombres dicen algo acerca de Dios, a pesar de que son los nombres de seres humanos comunes. Una mejor traducción al versículo en cuestión podría ser "y su nombre se llamará, «Un consejero admirable es el Dios fuerte, un padre eterno es el gobernante de la paz»". Esto significa que en realidad solo hay dos nombres hebreos en el versículo, que se dan a un ser humano y no a un ser divino, a pesar de que los nombres hacen una declaración sobre Dios. Esos nombres, como Antonio Alejandro en nuestro ejemplo anterior, serían *Pele Yoetz El Gibor Avi Ad Sar Shalom*. En el hebreo original, los nombres estarían separados por guiones como *Pele-Yoetz-El-Gibor* y *Avi-Ad-Sar-Shalom*. Nombres largos como estos eran comunes en la Biblia, y específicamente en Isaías. Por ejemplo, en Isaías 8:3, encontramos el nombre *Maher-Shalal-Jash-Baz*, que significa "El despojo se apresura, la presa se precipita".

La interpretación cristiana de Isaías 9:6 es que Jesús fue un Consejero admirable, un Dios fuerte, un Padre eterno y un Príncipe de paz. ¿Hasta qué punto se aplicarían estos nombres descriptivos a Jesús? ¿Se parece esto a la historia de Pinocho, de la que hablamos en la Introducción a la Parte II, en el apartado Tipologías? ¿Es inexacta la descripción de la persona descrita en Isaías 9:6-7, que a primera vista suena como la historia de Jesús, si se examina más detenidamente?

"Consejero admirable"

En el Nuevo Testamento del cristiano encontramos dos historias sobre Jesús que ciertamente no lo describen como un Consejero admirable:

> Mateo 8:21-22 *Otro de sus discípulos le dijo: Señor, permíteme que vaya primero y entierre a mi padre. 22 Jesús le dijo: Sígueme; deja que los muertos entierren a sus muertos.*

Un "Consejero admirable" no le diría a un hombre que había perdido recientemente a su amado padre que no asistiera a su funeral.

> Juan 18:22-23 *Cuando Jesús hubo dicho esto, uno de los alguaciles, que estaba allí, le dio una bofetada, diciendo: ¿Así respondes al sumo sacerdote? 23 Jesús le respondió: Si he hablado mal, testifica en qué está el mal; y si bien, ¿por qué me golpeas?*

Todos están familiarizados con la cita de Jesús: "Pero yo os digo: No resistáis al que es malo; antes, a cualquiera que te hiera en la mejilla derecha, vuélvele también la otra", que se encuentra en Mateo 5:39. En la cita anterior de Juan 18, Jesús no pone su otra mejilla al que lo golpeó, sino que lo reprende. Aquel que dice una cosa, pero que hace otra se le llama hipócrita, y ¿cómo puede un hipócrita ser un "Consejero admirable"?

"Dios fuerte"

> Mateo 27:46 *Cerca de la hora novena, Jesús clamó a gran voz, diciendo: Elí, Elí, ¿lama sabactani? Esto es: Dios mío, Dios mío, ¿por qué me has desamparado?*

Si Jesús fuera el "Dios fuerte", ¿por qué tendría que invocar a otro como Dios para ser salvado? ¿Cómo puede Dios abandonarse a sí mismo? Esto también niega la idea misma de una trinidad y muestra cómo Jesús no se ajusta a la descripción de Isaías 9:6.

> Mateo 19:16-17 *Entonces vino uno y le dijo: Maestro bueno, ¿qué bien haré para tener la vida eterna? 17 Él le dijo: ¿Por qué me llamas bueno? Ninguno hay bueno sino uno: Dios. Mas si quieres entrar en la vida, guarda los mandamientos.*

En los versículos anteriores, Jesús distingue entre él y Dios. ¿Cómo podría haber sido el "Dios fuerte", si él mismo hizo una distinción entre él y Dios? Si Jesús sabía que solo Dios es bueno, y que no debería ser llamado bueno, entonces Jesús sabía que Jesús no era Dios.

"Padre eterno"

Fuera de la Trinidad, Jesús es el hijo, y no el Padre. No puede ser ambos al mismo tiempo. De hecho, Jesús mismo demostró que no era el Padre y afirmó que no tenía la misma voluntad o el mismo conocimiento que el Padre.

Mateo 26:39 *Yendo un poco adelante, se postró sobre su rostro, orando y diciendo: Padre mío, si es posible, pase de mí esta copa; pero no sea como yo quiero, sino como tú.*

Jesús llama a Aquel a quien rezó su Padre, por lo que Jesús no puede ser "el Padre eterno" si llama a otro su Padre. Jesús no podría ser el Padre si la voluntad de Jesús no es la misma que la voluntad del Padre. Jesús y el Padre están separados y son desiguales, y este hecho niega la idea misma de la trinidad.

Marco 13:32 *Pero de aquel día y de la hora nadie sabe, ni aun los ángeles que están en el cielo, ni el Hijo, sino el Padre.*

En el versículo anterior, Jesús afirma que hay algo que él no sabe, pero que solo el Padre sabe. Jesús, "el hijo", no puede ser también el Padre si su conocimiento no es el mismo.

Juan 20:17 *Jesús le dijo: No me toques, porque aún no he subido a mi Padre; mas ve a mis hermanos, y diles: Subo a mi Padre y a vuestro Padre, a mi Dios y a vuestro Dios.*

¿Cómo el Padre puede ascender a sí mismo? En el versículo anterior, Jesús no solo distingue entre él y su Padre, sino que también da a entender que la relación que tiene con el Padre es exactamente la misma relación que todas las personas tienen con Dios, que es, de hecho, El Padre de todos.

"Príncipe de paz"

El último nombre descriptivo de Isaías 9:6 que los cristianos dicen que se refiere a Jesús es "Príncipe de paz". Sin embargo, esta es una traducción errónea. Las palabras en el Hebreo original son *sar shalom*. La palabra *sar* no significa "príncipe", significa "gobernante". Ahora, uno podría decir que un "príncipe" es un "gobernante". Sin embargo, la razón por la cual los cristianos eligen la palabra "príncipe" en lugar de la palabra "gobernante" en las traducciones cristianas se debe a que la palabra "príncipe" hace pensar que el versículo original está hablando sobre un "hijo del rey". En la mente cristiana esto alude a Jesús, quien creen ha sido el hijo de Dios, el rey. Sin embargo, la palabra correcta es "gobernante" y no "príncipe". "Príncipe" en hebreo es *naseej* y no *sar*. Los traductores cristianos eligieron intencionalmente la palabra *príncipe* para que el lector pensara en Jesús.

En el Nuevo Testamento cristiano, también encontramos una cita que ciertamente no muestra que Jesús haya sido un "gobernante" o incluso un "príncipe" de paz.

> Mateo 10:34-36 *No penséis que he venido para traer paz a la tierra; no he venido para traer paz, sino espada. 35 Porque he venido para poner en disensión al hombre contra su padre, a la hija contra su madre, y a la nuera contra su suegra; 36 y los enemigos del hombre serán los de su casa.*

No puede considerarse príncipe o gobernante de la paz a alguien que dijera tal cosa. Quien dijera tal cosa no podría haber sido el Mesías. Sabemos que el verdadero Mesías traerá una paz eterna y, junto con el profeta Elías, acercará a las familias entre sí y no las alejará (ver Isaías 2:4, Miqueas 4:1-4 y Malaquías 4:5).

Como ya he dicho, los cristianos rara vez incluyen el versículo 7 cuando citan Isaías 9. La razón es que en el versículo 7 dice: "Lo dilatado de su imperio y la paz no tendrán límite". Tal vez no citan el versículo 7 porque Jesús nunca trajo la paz al mundo, ni tuvo la intención de hacerlo, como muestra la cita anterior de Mateo 10:34-36.

Jesús también fue un hombre violento, y no un "Príncipe de paz", ni siquiera un "gobernante de paz". Hay otros versículos en el Nuevo Testamento cristiano que indican esto. A continuación, presentamos dos más:

> Lucas 19:27 *Y también a aquellos mis enemigos que no querían que yo reinase sobre ellos, traedlos acá, y decapitadlos delante de mí.*

El versículo anterior viene al final de una parábola que Jesús contó sobre un hombre que deja su tierra para ir a ser ungido como rey. Cuando regresa a su tierra, dice lo citado anteriormente. Cada comentarista cristiano afirma que Jesús se estaba refiriendo a sí mismo como el hombre que dejó su tierra para ser ungido como rey, y por eso, en su propia parábola, Jesús está diciendo lo anterior, pidiendo que aquellos que no desean que él reine sobre ellos sean asesinados delante de él.

En el versículo a continuación, Jesús les dice a sus seguidores que vayan a comprar una espada.

> Lucas 22:35-36 *Y a ellos dijo: Cuando os envié sin bolsa, sin alforja, y sin calzado, ¿os faltó algo? Ellos dijeron: Nada. 36 Y les dijo: Pues ahora, el que tiene bolsa, tómela, y también la alforja; y el que no tiene espada, venda su capa y compre una.*

Hemos demostrado a partir de citas del Nuevo Testamento cristiano que Jesús no era un "consejero admirable", un "Dios fuerte", un "Padre eterno", un "príncipe de paz", o incluso un "gobernante de paz", a pesar de la manera en que los cristianos quieren interpretar los versículos originales de Isaías 9:6-7.

Entonces, según la interpretación judía, ¿de quién está hablando Isaías 9:6-7?

Según el judaísmo, la respuesta está en los nombres elegidos. El nombre "Ezequías", que en hebreo es *Jizkiahu*. Proviene de las palabras *jazak* y *Yahu*. *Jazak* significa "fuerte" o "poderoso", y *Yahu* es el nombre abreviado de Dios usado como sufijo. Muchos pueden reconocer la palabra *Ya* en la palabra *aleluya*, que significa "alabado sea Dios". El judaísmo cree que Isaías 9:6-7 se refiere a Ezequías, quien reinó durante casi 30 años. El nombre Ezequías, *Jizkiahu*, tiene el mismo significado que el que se encuentra en los versículos de Isaías 9:6-7, un "Dios fuerte".

7. Jeremías 31:31-34

Jeremías 31:31-34 habla de un "nuevo pacto", y el término "pacto" significa "testamento". Entonces, en estos versículos, los cristianos ven una profecía de su Nuevo Testamento, como Pablo, refiriéndose a Jeremías 31:31, escribe en Hebreos 8:13:

> *Al decir: Nuevo pacto, ha dado por viejo al primero; y lo que se da por viejo y se envejece, está próximo a desaparecer.*

¿Alguna vez ha visto un anuncio en la televisión donde un fabricante ha presentado la versión nueva y mejorada de un producto por el que ya es conocido, como un detergente para ropa? Podrían decir que es la versión nueva y mejorada del antiguo detergente para ropa, e implica que ya no se debe utilizar la versión antigua. Este es el significado del término "Nuevo Testamento" en relación con el "Antiguo Testamento": que el "antiguo" ha sido reemplazado por el "nuevo". El término "testamento" significa "acuerdo", "contrato" o "pacto". Cuando los cristianos usan el término "Nuevo Testamento", están diciendo que el nuevo pacto que creen que existe entre Dios y los cristianos creyentes ha sustituido al antiguo contrato, o antiguo pacto, el antiguo testamento, entre Dios y los judíos.

Por esta razón, los judíos que respetan su propia fe y sus propias Escrituras hebreas nunca deben referirse a sus propias Escrituras como el "Antiguo Testamento", porque el término es insultante para el judaísmo y para los judíos. Nosotros no creemos en un Nuevo Testamento, y por eso mismo no deberíamos llamar al nuestro el "Antiguo Testamento".

Como ya lo mencionamos, el primer versículo de Jeremías 31:31 habla de un "nuevo pacto":

> *He aquí que vienen días, dice el Eterno, en los cuales haré nuevo pacto con la casa de Israel y con la casa de Judá.*

Pero uno podría preguntar, ¿es este nuevo pacto un pacto que reemplaza uno de los pactos que Dios hizo con los judíos anteriormente?"

Cuando Dios hace un nuevo pacto con los judíos, es solo para restablecer y reafirmar los pactos ya existentes. El pacto que Dios hizo con Isaac no reemplazó ni rompió el pacto que Dios hizo con Abraham. El pacto que Dios hizo con Jacob no reemplazó ni rompió el pacto que Dios hizo con Isaac o con Abraham. En Levítico 26:42, podemos ver un ejemplo de esto: en los versículos anteriores al 42 se les dice a los judíos que cuando pequen serán castigados por sus pecados, pero luego se les dice que el pacto de Dios con ellos es eterno:

> *Entonces yo me acordaré de mi pacto con Jacob, y asimismo de mi pacto con Isaac, y también de mi pacto con Abraham me acordaré, y haré memoria de la tierra.*

Si los pactos que Dios hizo con Isaac y Abraham hubieran sido invalidados por el pacto que Dios hizo con Jacob, no habría sido necesario especificar los pactos que Dios había hecho con Isaac y Abraham en el versículo anterior.

El pacto que Dios hizo con el pueblo de Israel a través de Moisés no reemplazó ni rompió el pacto que Dios hizo con Jacob, Isaac o Abraham. Cada pacto posterior que Dios hace con los judíos reafirma y restablece el pacto que Dios hizo con los judíos anteriormente.

El pacto que Dios hizo con los judíos es un pacto eterno, y es un pacto hecho con ellos, con sus descendientes y con todos los que se convierten al judaísmo. La promesa de Dios a los judíos, de que Su pacto con ellos es eterno, se repite una y otra vez a lo largo de las Escrituras hebreas. Estos son solo algunos ejemplos:

> Génesis 17:7-8 *Y estableceré mi pacto entre mí y ti, y tu descendencia después de ti en sus generaciones, por pacto perpetuo, para ser tu Dios, y el de tu descendencia después de ti. 8 Y te daré a ti, y a tu descendencia después de ti, la tierra en que moras, toda la tierra de Canaán en heredad perpetua; y seré el Dios de ellos.*

Consulte también Génesis 17:12-13, Génesis 17:19.

> Salmo 105:6-10 *Oh vosotros, descendencia de Abraham su siervo, Hijos de Jacob, sus escogidos. 7 Él es el Eterno nuestro Dios; En toda la tierra están sus juicios. 8 Se acordó para siempre de su pacto; De la palabra que mandó para mil generaciones, 9 La cual concertó con Abraham, Y de su juramento a Isaac. 10 La estableció a Jacob por decreto, A Israel por pacto sempiterno.*

Los versículos anteriores del Salmo 105 también se encuentran en 1 Crónicas 16:13-17.

Más importante aún, el pacto eterno entre Dios y los judíos también se encuentra inmediatamente después del mismo pasaje en cuestión, de Jeremías 31:31-34, comenzando con el siguiente versículo:

> *Así ha dicho el Eterno, que da el sol para luz del día, las leyes de la luna y de las estrellas para luz de la noche, que parte el mar, y braman sus ondas; el Eterno de los ejércitos es su nombre: 36 Si faltaren estas leyes*

delante de mí, dice el Eterno, también la descendencia de Israel faltará para no ser nación delante de mí eternamente.

Si alguna vez el sol, la luna y las estrellas, así como el mar y las olas dejaran de existir y dejaran de seguir las leyes que los gobiernan, entonces, por supuesto, el Pueblo de Israel no existiría, porque toda la vida dejaría de existir, y solo entonces dejaría también de existir el pacto entre Dios y los judíos.

Así que el pacto entre Dios y los judíos es un pacto eterno, y cuando Dios hace un nuevo pacto, es con los judíos, y solo reafirma y restablece los pactos anteriores que Dios había hecho con los judíos, como vimos con respecto a Levítico 26:42 arriba.

Nuevamente, veamos el primer versículo de nuestro pasaje de Jeremías 31:31-34:

He aquí que vienen días, dice el Eterno, en los cuales haré nuevo pacto con la casa de Israel y con la casa de Judá.

Esto se considera una profecía debido a las primeras palabras del versículo, "He aquí que vienen días, dice el Eterno". Sin embargo, inmediatamente antes de estos pocos versículos que comienzan con el versículo 31, hay versículos adicionales que también comienzan exactamente de la misma manera, con las palabras: "He aquí que vienen días, dice el Eterno". Cuando los cristianos se refieren a Jeremías 31:31-34, están omitiendo la mitad de la profecía, porque toda la profecía en realidad comienza con el versículo 27. Como leerá, cuando uno mira la profecía completa de Jeremías 31:27-34, este pasaje no podría estar refiriéndose al cristianismo en absoluto. Aquí está el pasaje completo:

He aquí vienen días, dice el Eterno, en que sembraré la casa de Israel y la casa de Judá de simiente de hombre y de simiente de animal. 28 Y así como tuve cuidado de ellos para arrancar y derribar, y trastornar y perder y afligir, tendré cuidado de ellos para edificar y plantar, dice el Eterno. 29 En aquellos días no dirán más: Los padres comieron las uvas agrias y los dientes de los hijos tienen la dentera, 30 sino que cada cual morirá por su propia maldad; los dientes de todo hombre que comiere las uvas agrias, tendrán la dentera. 31 He aquí que vienen días, dice el Eterno, en los cuales haré nuevo pacto con la casa de Israel y con la casa de Judá. 32 No como el pacto que hice con sus padres el día que tomé su mano para sacarlos de la tierra de Egipto; porque ellos invalidaron mi pacto, aunque fui yo un marido para ellos, dice el Eterno. 33 Pero este es el pacto que haré con la casa de Israel después de aquellos días, dice el Eterno: Daré mi ley en su mente, y la escribiré en su corazón; y yo seré a ellos por Dios, y ellos me serán por pueblo. 34 Y no enseñará más ninguno a su prójimo, ni ninguno a su hermano, diciendo: Conoce al Eterno; porque todos me conocerán, desde el más pequeño de ellos hasta el más grande, dice el Eterno; porque perdonaré la maldad de ellos, y no me acordaré más de su pecado.

Estos versículos, de hecho, están hablando de la era mesiánica, sin embargo, no están hablando de la venida de Jesús y del cristianismo.

El versículo 27 habla de una época en que la casa de Israel se reúne con la casa de Judá, y cuando aumentan tanto en tamaño como en recursos.

He aquí vienen días, dice el Eterno, en que sembraré la casa de Israel y la casa de Judá de simiente de hombre y de simiente de animal.

Entonces Dios declara que, así como Él veló por los judíos cuando consideró oportuno castigarlos, también continuará velando por los judíos a medida que todo mejore:

> *Y así como tuve cuidado de ellos para arrancar y derribar, y trastornar y perder y afligir, tendré cuidado de ellos para edificar y plantar, dice el Eterno.*

Los siguientes versículos en realidad niegan la creencia más básica del cristianismo, que Jesús puede morir por los pecados de otros:

> *En aquellos días no dirán más: Los padres comieron las uvas agrias y los dientes de los hijos tienen la dentera, 30 sino que cada cual morirá por su propia maldad; los dientes de todo hombre que comiere las uvas agrias, tendrán la dentera.*

Los versículos 29-30 arriba están diciendo que en este tiempo futuro, nadie seguirá creyendo que una persona puede morir y quitar así la culpa por los pecados de otra persona. Esto lo demuestran aquellos que recitan un viejo dicho (que también se encuentra en Ezequiel 18) de que el padre come uvas agrias, pero que son los hijos quienes prueban la acidez. Este viejo refrán expresaba la creencia errónea de que los padres pecaban, pero que eran los hijos quienes heredaban la culpa de los pecados de sus padres. En cambio, Jeremías está diciendo que cuando lleguen esos días, todos reconocerán, tal como la Biblia ha dicho repetidamente, que la persona que peca siempre será la única que recibe el castigo por ese pecado (consulte Éxodo 32:30-35; Deuteronomio 24:16; y Ezequiel 18:1-4). Por supuesto, ¡esto significa que Jesús no puede morir por los pecados de otros! Esto es lo que dice simplemente en Deuteronomio 24:16: No se dará muerte a los padres por la culpa de sus hijos, ni se dará muerte a los hijos por la culpa de sus padres. Cada uno morirá por su propio pecado.

Esta descripción de esta era mesiánica continúa con Jeremías 31:31, que es el pasaje que los cristianos suelen citar sin los versículos anteriores. Una simple descripción general de estos versículos indica que lo que describen aún no ha sucedido.

El primer versículo del pasaje dice:

> *He aquí que vienen días, dice el Eterno, en los cuales haré nuevo pacto con la casa de Israel y con la casa de Judá.*

Sin embargo, la casa de Israel, que estaba formada por las diez tribus perdidas, se ha perdido y se ha esparcido por todo el mundo desde la caída del reino del norte alrededor del 721 a. e. c. La Casa de Israel, las diez tribus perdidas, no pueden volver a reunirse con la casa de Jacob, porque la casa de Israel no existe desde hace miles de años. Por eso se les llaman las diez tribus perdidas.

Este pasaje de Jeremías describe a un pueblo judío en el que prosperan todos los descendientes de cada tribu y uno en que han llegado a la Tierra Prometida. Porque habla tanto de la casa de Israel y la casa de Judá juntas, con Dios, en un solo nuevo pacto, y dado que la casa de Israel no puede ser unificada con la casa de Judá, este pasaje completo aún no ha sucedido, y no puede hacer referencia al cristianismo o su "nuevo pacto".

Hay otra referencia, también en Jeremías, en el capítulo 23, que describe lo mismo, donde todos los judíos han regresado a la Tierra Prometida, y que también comienza con las mismas palabras que se encuentran en Jeremías 31:27 y 31:31

> Jeremías 23:5-8 *He aquí que vienen días, dice el Eterno, en que levantaré a David renuevo justo, y reinará como Rey, el cual será dichoso, y hará juicio y justicia en la tierra. 6 En sus días será salvo Judá, e Israel habitará confiado; y este será su nombre con el cual le llamarán: el Eterno, justicia nuestra. 7 Por tanto, he aquí que vienen días, dice el Eterno, en que*

no dirán más: Vive el Eterno que hizo subir a los hijos
de Israel de la tierra de Egipto, 8 sino: Vive el Eterno
que hizo subir y trajo la descendencia de la casa de
Israel de tierra del norte, y de todas las tierras adonde
yo los había echado; y habitarán en su tierra.

Esto nos lleva, ahora, a examinar los dos versículos siguientes de nuestro pasaje:

32 No como el pacto que hice con sus padres el
día que tomé su mano para sacarlos de la tierra de
Egipto; porque ellos invalidaron mi pacto, aunque fui
yo un marido para ellos, dice el Eterno. 33 Pero este
es el pacto que haré con la casa de Israel después de
aquellos días, dice el Eterno: Daré mi ley en su mente,
y la escribiré en su corazón; y yo seré a ellos por Dios,
y ellos me serán por pueblo.

Lo que dicen estos versículos es que todos ya no tendrán que mirar en ningún libro, ni en el Nuevo Testamento, ni siquiera en las Escrituras hebreas, para decirles lo que está bien y lo que está mal. Lo sabrán instintivamente por qué estará en sus corazones, convirtiendo verdaderamente a Dios en su Dios, y a su vez, convirtiéndolos verdaderamente en pueblo de Dios. Ciertamente, esto tampoco ha sucedido todavía, por lo que este pasaje no puede hacer referencia al cristianismo ni a su Nuevo Testamento.

¿Qué significa, precisamente, tener la Torá de Dios escrita en lo más profundo de nuestro ser? El Salmo 40:8 dice:

El hacer tu voluntad, Dios mío, me ha agradado,
Y tu ley está en medio de mi corazón.

Debido a que la Torá de Dios está dentro de nosotros, sabemos lo que debemos hacer, y estamos felices de hacerlo.

Lea también con atención. Jeremías 31:33 no dice "Daré mi nueva Torá en su mente, y la escribiré en su corazón". Dice: "Daré mi Torá en su mente, y la escribiré en su corazón". Sigue siendo la misma Torá que antes. Las leyes de Dios no cambian ni se modifican. Son eternas como Dios es Eterno:

Deuteronomio 29:29 *Las cosas secretas pertenecen al Eterno nuestro Dios; mas las reveladas son para nosotros y para nuestros hijos para siempre, para que cumplamos todas las palabras de esta Torá.*

Salmo 19:7-9 *La ley del Eterno es perfecta, que convierte el alma; El testimonio del Eterno es fiel, que hace sabio al sencillo. Los mandamientos del Eterno son rectos, que alegran el corazón; El precepto del Eterno es puro, que alumbra los ojos. 9 El temor del Eterno es limpio, que permanece para siempre; Los juicios del Eterno son verdad, todos justos.*

Salmo 111:7-8 *Las obras de sus manos son verdad y juicio; Fieles son todos sus mandamientos, 8 Afirmados eternamente y para siempre, Hechos en verdad y en rectitud.*

De hecho, Ezequiel 11:17-20 refleja las ideas que se encuentran en Jeremías 31:27-34 de que las leyes de Dios estarán en nuestros corazones, no en los libros, en la era mesiánica, que durará para siempre:

Ezequiel 11:17-20 *Di, por tanto: Así ha dicho el Eterno: Yo os recogeré de los pueblos, y os congregaré de las tierras en las cuales estáis esparcidos, y os daré la tierra de Israel. 18 Y volverán allá, y quitarán de ella todas sus idolatrías y todas sus abominaciones. 19 Y les daré un corazón, y un espíritu nuevo pondré dentro*

> *de ellos; y quitaré el corazón de piedra de en medio de*
> *su carne, y les daré un corazón de carne, 20 para que*
> *anden en mis ordenanzas, y guarden mis decretos y los*
> *cumplan, y me sean por pueblo, y yo sea a ellos por Dios.*

Como escribí anteriormente, este nuevo pacto del que Dios habla en Jeremías 31 no se refiere a un nuevo pacto, un nuevo contrato, con un nuevo pueblo, y no se refiere a un nuevo conjunto de leyes, una nueva Torá, una nueva escritura. Significa que el pacto entre Dios y los judíos y las leyes de ese pacto son eternas.

Finalmente, el texto de Jeremías 31:34 dice:

> *Y no enseñará más ninguno a su prójimo, ni*
> *ninguno a su hermano, diciendo: Conoce a al Eterno;*
> *porque todos me conocerán, desde el más pequeño de ellos*
> *hasta el más grande, dice el Eterno; porque perdonaré*
> *la maldad de ellos, y no me acordaré más de su pecado.*

Este nuevo pacto significa que nadie tendrá que enviar a nadie para que "conozca al Eterno", porque el mundo entero ya creerá en Dios. Precisamente esta parte del pasaje no ha sucedido todavía, y se demuestra porque si ya hubiera sucedido, ¡entonces el cristianismo no tendría necesidad de misionar a nadie! Dado que gastan cientos de millones de dólares cada año, solo para misionar a los judíos, solo para que los judíos "conozcan al Eterno", entonces esta profecía en Jeremías 31 aún no ha sucedido, y estos misioneros cristianos lo demuestran todos los días.

8. Salmo 110:1

Otro versículo que a los misioneros cristianos les gusta citar para convertir a los judíos a su fe es el Salmo 110:1. En las traducciones cristianas, este versículo dice:

El Eterno dijo a mi Señor: Siéntate a mi diestra,
Hasta que ponga a tus enemigos por estrado de tus pies.

Los cristianos ven este versículo como una declaración de que Dios, descrito por la palabra "Eterno", le estaba hablando a Jesús, descrito por la palabra "Señor". Los cristianos entienden que este versículo dice: "Dios le dijo a Jesús". Por supuesto, esto me lleva a hacer la pregunta, si Jesús fuera Dios, ¿por qué Dios, el Padre, tendría que convertir a los enemigos de Jesús en el estrado de Jesús? Si Jesús fuera Dios, ¿no podría hacerlo solo?

Sea como fuere, hay otros problemas grandes con este versículo. No hay letras mayúsculas en hebreo. Al poner en mayúscula ambas instancias de la palabra "Señor" en la traducción, parece que ambas palabras se refieren a una deidad, o a alguien que es divino. Es una manera de llevar al lector a ver este versículo como una entidad divina que habla a otra entidad divina, lo cual es una interpretación en sí porque están eligiendo poner en mayúscula la primera letra de la palabra en ambos usos de la palabra "Señor".

Para comprender realmente este versículo, o cualquier otro versículo de las Escrituras hebreas, uno debe leerlo en el hebreo original. Este versículo comienza, en transliteración:

L'David mizmor. Ne'um Y.H.V.H. L'Adonee...

Existen numerosas maneras de traducir la primera frase de este versículo: *L'David mizmor.* La razón es que el prefijo "L" puede significar "de", "para" o "a". Esto significa que hay tres posibles traducciones de esta frase, y cada una podría ser correcta. Son "de David", "para David" y "a David".

Si la traducción correcta es "de David", entonces significaría que David escribió este salmo. Sin embargo, si la traducción correcta es "para David" o "a David", significaría que esto fue escrito por alguien que no es el rey David, el autor es desconocido, y este autor desconocido se lo dedicó al rey David, o lo escribió para el rey David.

La primera palabra usada en el versículo que se traduce como "Señor" o "Eterno" es, de hecho, el nombre más sagrado para Dios, llamado "tetragrámaton", que significa "el nombre con cuatro letras". Sin embargo, la segunda palabra que se traduce como "Señor" no es el nombre de cuatro letras para Dios, el tetragrámaton, sino que es la palabra *Adonee*, que significa "mi maestro" o "mi señor" como en los "señores (lores) y damas" de la nobleza de Inglaterra. Así lo habrían entendido los autores de la Versión King James. La mejor manera de traducir esta frase, entonces, sería "Dios le dijo a mi maestro", y habría sido escrito por un salmista diferente al rey David, sobre el rey David y para el rey David. Otra forma de entender este versículo sería leerlo como si dijera: "Dios le dijo al rey David".

Este versículo fue escrito sobre el rey David, para el rey David, y el autor dice que Dios iba a convertir a los enemigos del rey David en el estrado del rey David, lo que significa que el rey David iba a caminar sobre sus enemigos, y, de hecho, esto es lo que sucedió. El rey David derrotó a los Filisteos y obligó a los moabitas a rendir homenaje.

Aunque los cristianos desean ver este versículo como un texto de prueba para su teología cristiana, es interesante la forma en que Jesús usa este versículo en su propio Nuevo Testamento. Jesús cita este versículo para demostrar que el Mesías no iba a ser un descendiente del rey David, a pesar de que el judaísmo y el pueblo judío siempre han creído que el Mesías tenía que ser un descendiente del rey David.

En los siguientes versículos, Jesús cita este versículo del Salmo 110:1, y también lo ve como el rey David escribiéndolo sobre cómo Dios le habló al Mesías. Sin embargo, Jesús pregunta cómo puede el Mesías ser descendiente del rey David, si el mismo rey David se refiere al Mesías como el Señor del rey David.

> Mateo 22:41-46 *Y estando juntos los fariseos, Jesús les preguntó, 42 diciendo: ¿Qué pensáis del Cristo? ¿De quién es hijo? Le dijeron: De David. 43 Él les dijo: ¿Pues cómo David en el Espíritu le llama Señor,*

diciendo: 44 Dijo el Señor a mi Señor: Siéntate a mi derecha, Hasta que ponga a tus enemigos por estrado de tus pies? 45 Pues si David le llama Señor, ¿cómo es su hijo? 46 Y nadie le podía responder palabra; ni osó alguno desde aquel día preguntarle más.

Los misioneros cristianos desean ver el Salmo 110 como si demostrara que el Mesías será Dios, pero Jesús, en el Nuevo Testamento cristiano, usa el mismo versículo para demostrar que el Mesías, si es divino, no puede ser descendiente del rey David. Jesús, según la teología cristiana, era, él mismo, un descendiente del rey David, por lo que, según Jesús en los versículos anteriores, Jesús no podría haber sido el Mesías. Los cristianos no pueden tener las dos cosas.

9. Proverbios 30:2-4

Los misioneros cristianos muestran a los judíos los siguientes versículos y les piden que respondan la pregunta al final del versículo 4:

> Proverbios 30:2 *Ciertamente más rudo soy yo que ninguno, Ni tengo entendimiento de hombre. 3 Yo ni aprendí sabiduría, Ni conozco la ciencia del Santo. 4 ¿Quién subió al cielo, y descendió? ¿Quién encerró los vientos en sus puños? ¿Quién ató las aguas en un paño? ¿Quién afirmó todos los términos de la tierra? ¿Cuál es su nombre, y el nombre de su hijo, si sabes?*

Debido a que el versículo termina con las preguntas: "¿Cuál es su nombre, y el nombre de su hijo?", los cristianos dirán que esto es una referencia a Jesús, el hijo de Dios, quien, por ser Dios, puede hacer todas las cosas enumeradas en estos versículos. Por supuesto, esta interpretación solo puede ser válida para aquellos que asumen que Jesús era Dios.

Esta no es la interpretación judía de estos versículos. Estos versículos hacen preguntas retóricas. El salmista sabe que nadie, aparte de Dios, puede "encerrar el viento en sus puños, atar las aguas en un paño o afirmar todos los términos de la tierra". Estos versículos dicen que no hay nadie más que Dios que puede hacer estas cosas, preguntando "quién puede hacer estas cosas" de una manera retórica. La Biblia es clara, solo Dios controla la naturaleza, y solo Dios fue el autor de la creación. Ya que la respuesta está por encima de la capacidad humana, no hay nadie que pueda responder, y dado que no hay nadie que pueda hacerlo, tampoco hay un hijo de esta persona inexistente. Este versículo es una forma retórica de decir, simplemente, que no hay nadie como Dios.

Además, en la Biblia hay muchos que fueron llamados hijo de Dios. Un ejemplo es el pueblo judío.

En los siguientes versículos, Dios le está diciendo a Moisés qué decirle a faraón. Y aquí, Dios declara explícitamente que el pueblo de Israel, los judíos, son el primogénito de Dios:

> Éxodo 4:21-23 *Y dijo El Eterno a Moisés: Cuando hayas vuelto a Egipto, mira que hagas delante de Faraón todas las maravillas que he puesto en tu mano; pero yo endureceré su corazón, de modo que no dejará ir al pueblo. 22 Y dirás a Faraón: el Eterno ha dicho así: Israel es mi hijo, mi primogénito. 23 Ya te he dicho que dejes ir a mi hijo, para que me sirva, mas no has querido dejarlo ir; he aquí yo voy a matar a tu hijo, tu primogénito.*

Como escribí al principio, hay otras interpretaciones que son posibles. Quizás el hijo de Dios del que habla Proverbios 30:4 es el rey David, porque tenemos los siguientes versículos bíblicos en Salmo 89:20-27 que dicen exactamente eso:

> *²Hallé a David mi siervo; Lo ungí con mi santa*
> *unción. 21 Mi mano estará siempre con él, Mi brazo*
> *también lo fortalecerá. 22 No lo sorprenderá el enemigo,*
> *Ni hijo de iniquidad lo quebrantará; 23 Sino que*
> *quebrantaré delante de él a sus enemigos, Y heriré a*
> *los que le aborrecen. 24 Mi verdad y mi misericordia*
> *estarán con él, Y en mi nombre será exaltado su poder.*
> *25 Asimismo pondré su mano sobre el mar, Y sobre los*
> *ríos su diestra. 26 Él me clamará: Mi padre eres tú, Mi*
> *Dios, y la roca de mi salvación. 27 Yo también le pondré*
> *por primogénito, El más excelso de los reyes de la tierra.*

O, tal vez, el Salmo 30:4 se refiere al rey Salomón, a quien Dios también llama Su hijo, en 1 Crónicas 22:9-10:

> *He aquí te nacerá un hijo, el cual será varón de*
> *paz, porque yo le daré paz de todos sus enemigos en*
> *derredor; por tanto, su nombre será Salomón, y yo daré*
> *paz y reposo sobre Israel en sus días. 10 Él edificará*
> *casa a mi nombre, y él me será a mí por hijo, y yo le*
> *seré por padre; y afirmaré el trono de su reino sobre*
> *Israel para siempre.*

De modo que existen algunas interpretaciones posibles de este Proverbio, sin embargo, no requieren que lo interpretemos de una manera contraria a la Biblia.

10. Isaías 53

Para los cristianos misioneros, Isaías 53 es la descripción perfecta de la vida y la muerte de Jesús. Debido a que es una descripción tan perfecta, sienten que Jesús debe haber sido el Mesías porque parece haber cumplido la profecía de Isaías 53.

A algunos de estos cristianos fundamentalistas se les dice que esta es una descripción tan perfecta de Jesús, ¡que los judíos tienen prohibido leerla! Además, se les dice que los judíos leen de los Profetas todas las semanas en sus servicios religiosos, pero el capítulo 53 de Isaías fue intencionalmente excluido de esas lecturas porque es obviamente una descripción de Jesús.

Ninguna parte de la Biblia judía fue censurada por el pueblo judío; en ningún momento se les prohibió a los judíos leer ciertas partes de la Biblia. Si los judíos hubieran querido censurar alguna parte de la Biblia, simplemente la habrían eliminado de la Biblia para empezar, o no la habrían incluido en el canon. Después de todo, fueron los judíos, específicamente los rabinos del período posterior al segundo templo, los que determinaron lo que debía y lo que no debía aparecer en la Biblia.

Por supuesto, es una cuestión de historia que a los cristianos no se les permitía leer la Biblia sola. La Iglesia mató a los traductores de la Biblia porque hizo que la Biblia fuera accesible para la gente común.

La porción de los Profetas, llamada Haftará, se lee solo porque hubo un cierto tiempo en la historia judía en que los judíos no tenían que leer la Torá, bajo pena de muerte. Para informar a los judíos de lo que debía leerse de la Torá, se eligieron secciones de los Profetas y los Escritos que eran paralelas a la porción de la Torá a la que sustituían. Después de que a los judíos se les permitió leer una vez más la Torá, la costumbre de leer la Haftará se mantuvo porque mejoraba aún más el significado de la Torá. La razón por la que los judíos no leen Isaías 53 en ningún momento del año durante un servicio semanal es porque no hay paralelos con Isaías 53 en la Torá, los Cinco Libros de Moisés: Génesis, Éxodo, Levítico, Números y Deuteronomio.

Un ejemplo de esto se puede mostrar en la lectura de la Haftarah para Génesis 1:1, la historia de la Creación. Para este shabat, la lectura paralela de los Profetas es Isaías 42:5-12, que comienza: "Así dice el Eterno Dios, Creador de los cielos, y el que los despliega...".

Isaías 53 no es paralelo a nada en la Torá, y, por lo tanto, no fue elegido para ser leído en lugar de nada en la Torá.

La única razón por la que se les dice a los cristianos que los judíos tienen prohibido leer Isaías 53, o que los judíos no leen Isaías 53 cuando leen de los Profetas, es porque los cristianos no pueden entender cómo los judíos pueden leer Isaías 53 y no admitir de inmediato que Jesús fue su cumplimiento y, por lo tanto, el Mesías. Por supuesto, como veremos, hay bastantes razones por las cuales los judíos no ven que la profecía de Isaías 53 se cumplió con Jesús.

A pesar de lo que acabamos de decir, al leer el texto de Isaías 53, se puede ver en los versículos lo que parece ser una descripción de Jesús. Esto se debe a una razón que analizaremos a continuación.

Recordemos que esta es, de hecho, una traducción errónea del hebreo original. Sin embargo, la usaremos porque es la traducción errónea más utilizada por los misioneros cristianos:

> Isaías 52:13 *He aquí que mi siervo será prosperado, será engrandecido y exaltado, y será puesto muy en alto. 14 Como se asombraron de ti muchos, de tal manera fue desfigurado de los hombres su parecer, y su hermosura más que la de los hijos de los hombres, 15 así asombrará él a muchas naciones; los reyes cerrarán ante él la boca, porque verán lo que nunca les fue contado, y entenderán lo que jamás habían oído.*

> Isaías 53:1-12 *¿Quién ha creído a nuestro anuncio? ¿y sobre quién se ha manifestado el brazo del Eterno? 2 Subirá cual renuevo delante de él, y como raíz de tierra seca; no hay parecer en él, ni hermosura; le veremos, mas sin atractivo para que le deseemos. 3 Despreciado y desechado entre los hombres, varón de dolores, experimentado en quebranto; y como que escondimos de él el rostro, fue menospreciado, y no lo estimamos. 4 Ciertamente llevó él nuestras*

enfermedades, y sufrió nuestros dolores; y nosotros le tuvimos por azotado, por herido de Dios y abatido. 5 Mas él herido fue por nuestras rebeliones, molido por nuestros pecados; el castigo de nuestra paz fue sobre él, y por su llaga fuimos nosotros curados. 6 Todos nosotros nos descarriamos como ovejas, cada cual se apartó por su camino; mas el Eterno cargó en él el pecado de todos nosotros. 7 Angustiado él, y afligido, no abrió su boca; como cordero fue llevado al matadero; y como oveja delante de sus trasquiladores, enmudeció, y no abrió su boca. 8 Por cárcel y por juicio fue quitado; y su generación, ¿quién la contará? Porque fue cortado de la tierra de los vivientes, y por la rebelión de mi pueblo fue herido. 9 Y se dispuso con los impíos su sepultura, mas con los ricos fue en su muerte; aunque nunca hizo maldad, ni hubo engaño en su boca. 10 Con todo eso, el Eterno quiso quebrantarlo, sujetándole a padecimiento. Cuando haya puesto su vida en expiación por el pecado, verá linaje, vivirá por largos días, y la voluntad del Eterno será en su mano prosperada. 11 Verá el fruto de la aflicción de su alma, y quedará satisfecho; por su conocimiento justificará mi siervo justo a muchos, y llevará las iniquidades de ellos. 12 Por tanto, yo le daré parte con los grandes, y con los fuertes repartirá despojos; por cuanto derramó su vida hasta la muerte, y fue contado con los pecadores, habiendo él llevado el pecado de muchos, y orado por los transgresores.

Primero, permítanme señalar solo dos de las muchas traducciones erróneas en lo anterior. En el versículo 5, el texto se traduce como: "Mas él herido fue POR nuestras rebeliones, molido POR nuestros pecados...". El error es que el prefijo de las palabras Hebreas que significa "nuestras rebeliones" y "nuestras iniquidades" es la letra

Hebrea, *mem*. Este es un prefijo que significa "de" y no "por". Una traducción más precisa sería: "Mas él herido fue de nuestras rebeliones, molido de nuestros pecados". Esto significa que Isaías 53 no está hablando de un hombre que murió "por nuestros pecados", sino que se trata de un hombre que murió "DEBIDO a nuestros pecados". Esto, de hecho, es la comprensión judía de Isaías 53, que las naciones de la tierra finalmente entenderán que los judíos han tenido razón todo el tiempo, y que los pecados cometidos contra los judíos por las naciones de la tierra resultaron en la muerte de judíos inocentes.

En el versículo 9, el texto anterior se traduce como: "Y se dispuso con los impíos su sepultura, mas con los ricos fue en su muerte". Sin embargo, esta última palabra en hebreo se traduce con mayor precisión como "en sus muertes", porque la palabra aparece en hebreo en plural. El texto dice: *b'mo-taYv*. La letra Hebrea Yod indicada con la Y mayúscula en la palabra transliterada, indica el plural, como lo entiende cualquiera que sepa Hebreo. Para leer "murió", el texto tendría que decir *b'moto*. Dado que la palabra *b'mo-taYv* en realidad significa "en sus muertes", entonces para que Jesús cumpla este versículo, debe regresar a la tierra y morir al menos una vez más. Los judíos, personificados como el sirviente, como veremos a continuación, han cumplido este versículo una y otra vez, porque el pueblo de Israel ha tenido innumerables millones de muertes no merecidas.

Como ha leído los versículos anteriores, es posible que le hayan recordado la imagen de Jesús, cómo vivió y cómo murió. Si esto es así, ¿por qué Isaías 53 no es una profecía sobre el Mesías que Jesús cumplió, según la comprensión judía de este pasaje?

Según la tradición judía, Isaías estaba escribiendo sobre el pueblo de Israel, personificado como el siervo sufriente del Señor. Y hay al menos ocho citas que muestran que esto es cierto. Tenga en cuenta que en las siguientes citas, todas del Libro de Isaías, es el pueblo de Israel a quien se llama el siervo del Señor. El nombre Israel es otro nombre para Jacob, y cuando el texto dice Jacob o Israel, se refiere a la misma gente.

Isaías 41:8 *Pero tú, Israel, siervo mío eres; tú, Jacob, a quien yo escogí, descendencia de Abraham mi amigo.*

Isaías 43:10 *Vosotros sois mis testigos, dice el Eterno, y mi siervo que yo escogí, para que me conozcáis y creáis, y entendáis que yo mismo soy; antes de mí no fue formado dios, ni lo será después de mí.*

Isaías 44:1 *Ahora pues, oye, Jacob, siervo mío, y tú, Israel, a quien yo escogí.*

Isaías 44:21 *Acuérdate de estas cosas, oh Jacob, e Israel, porque mi siervo eres. Yo te formé, siervo mío eres tú; Israel, no me olvides.*

Isaías 45:4 *Por amor de mi siervo Jacob, y de Israel mi escogido, te llamé por tu nombre; te puse sobrenombre, aunque no me conociste.*

Isaías 48:20 *Salid de Babilonia, huid de entre los caldeos; dad nuevas de esto con voz de alegría, publicadlo, llevadlo hasta lo postrero de la tierra; decid: Redimió el Eterno a Jacob su siervo.*

Isaías 49:3 *y me dijo: Mi siervo eres, oh Israel, porque en ti me gloriaré.*

Isaías 49:7 *Así ha dicho el Eterno, Redentor de Israel, el Santo suyo, al menospreciado de alma, al abominado de las naciones, al siervo de los tiranos: Verán reyes, y se levantarán príncipes, y adorarán por el Eterno; porque fiel es el Santo de Israel, el cual te escogió.*

Arriba, Isaías 43:10 es un versículo muy interesante. Ese versículo nos dice que el pueblo judío es plural, cuando Dios usa el término "testigos", pero también se hace referencia al pueblo de Israel en este mismo versículo en singular en la palabra "siervo", ¡es la misma palabra que encontramos en Isaías 53!

Este versículo también declara que "no fue formado dios", lo que significa que Jesús no puede ser Dios, que se formó en el vientre de María mucho después de que Dios pronunció estas palabras en Isaías 43:10.

De las muchas citas anteriores podemos ver que Isaías 53 se refería al pueblo de Israel como un siervo sufriente del Eterno, como en todas las citas que vinieron antes de Isaías 53.

Los misioneros cristianos afirmarán que Rashi, que es el acrónimo del rabino Shlomo Yitzchaki (1040 - 1105), formó la asociación del siervo sufriente de Isaías 53 con el pueblo de Israel personificado. Esto es simplemente incorrecto, lo que se puede probar a partir de los escritos de los cristianos mucho antes de que Rashi naciera. En "Contra Celsum", escrito en 248 e.c. (unos 800 años antes de Rashi), el Padre de la Iglesia cristiana Orígenes registra que los judíos que vivieron en su época interpretaron este pasaje como una referencia a toda la nación de Israel. Escribió:

"Recuerdo que una vez, en una discusión con algunos que los judíos consideran sabios, usé estas profecías [Isaías 52: 13-53: 8]. Ante esto, el judío dijo que estas profecías se referían a todo el pueblo como si se tratara de un solo individuo, ya que estaban dispersos en la dispersión y heridos, que, como resultado de la dispersión de los judíos entre las otras naciones, muchos podrían convertirse en prosélitos".[4]

Esto muestra que los judíos se suscribieron a la creencia de que el pueblo de Israel era el siervo sufriente del que se hablaba en todo el pasaje, y esto es anterior a Rashi por muchos siglos.

---

[4]   Origen, Contra Celsum, trad. Henry Chadwick, Cambridge: Cambridge University Press, Libro 1.55, 1965, p. 50. También se puede encontrar en Internet en: http://www.ccel.org/ccel/schaff/anf04.vi.ix.i.lvi.html

Antes de mirar directamente a Isaías 53, primero debemos hacer una pregunta. La Biblia es explícitamente clara, como leemos en Deuteronomio 24:16, que "cada uno morirá por su pecado". Esto también se encuentra en Éxodo 32:30-35 "Y el Eterno respondió a Moisés: Al que pecare contra mí, a este raeré yo de mi libro.", y nuevamente en Ezequiel 18:1-4; 20-24; 26-27 "He aquí que todas las almas son mías; como el alma del padre, así el alma del hijo es mía; el alma que pecare, esa morirá"; "El alma que pecare, esa morirá; el hijo no llevará el pecado del padre, ni el padre llevará el pecado del hijo; la justicia del justo será sobre él, y la impiedad del impío será sobre él". Cabe señalar que en Ezequiel 18:20 no dice que la maldad de los impíos será sobre los justos, sino que la maldad de los impíos será sobre los impíos.

Como he mostrado anteriormente, la Biblia repetida y consistentemente, y sin ninguna necesidad de interpretación, declara literal y claramente que la persona que peca es la persona que recibe el castigo por el pecado. La pregunta que debemos hacernos a la luz de la interpretación cristiana de Isaías 53 es, ¿Cuándo cambió Dios de parecer? Si, efectivamente, "cada hombre ha de morir por su propio pecado", entonces la única manera en que uno puede interpretar Isaías 53 para significar lo contrario, que Jesús murió por nuestros pecados, es si Dios cambió de opinión. De lo contrario, Él no quiso decir lo que dijo cuando dijo: "cada hombre ha de morir por su propio pecado". La interpretación que los cristianos dan a Isaías 53 es exactamente eso, una interpretación, y una que va en contra de las ideas expresadas en otras partes de la Biblia, como lo hemos mostrado.

Esta interpretación cristiana de un Mesías salvador moribundo también es desconocida para los discípulos de Jesús, como hemos mencionado al final del Capítulo 6 de este libro. Cuando Jesús explicó su misión a sus discípulos, que debía morir por los pecados de la humanidad, según esta definición de "Mesías", sus discípulos no entendieron lo que estaba diciendo, y su respuesta fue reprender a Jesús por haberlo dicho, de acuerdo con Mateo 16:13-23:

Viniendo Jesús a la región de Cesarea de Filipo, preguntó a sus discípulos, diciendo: ¿Quién dicen los hombres que es el Hijo del Hombre? 14 Ellos dijeron: Unos, Juan el Bautista; otros, Elías; y otros, Jeremías, o alguno de los profetas. 15 Él les dijo: Y vosotros, ¿quién decís que soy yo? 16 Respondiendo Simón Pedro, dijo: Tú eres el Cristo, el Hijo del Dios viviente. 17 Entonces le respondió Jesús: Bienaventurado eres, Simón, hijo de Jonás, porque no te lo reveló carne ni sangre, sino mi Padre que está en los cielos. 18 Y yo también te digo, que tú eres Pedro, y sobre esta roca edificaré mi iglesia; y las puertas del Hades no prevalecerán contra ella. 19 Y a ti te daré las llaves del reino de los cielos; y todo lo que atares en la tierra será atado en los cielos; y todo lo que desatares en la tierra será desatado en los cielos. 20 Entonces mandó a sus discípulos que a nadie dijesen que él era Jesús el Cristo. 21 Desde entonces comenzó Jesús a declarar a sus discípulos que le era necesario ir a Jerusalén y padecer mucho de los ancianos, de los principales sacerdotes y de los escribas; y ser muerto, y resucitar al tercer día. 22 Entonces Pedro, tomándolo aparte, comenzó a reconvenirle, diciendo: Señor, ten compasión de ti; en ninguna manera esto te acontezca. 23 Pero él, volviéndose, dijo a Pedro: ¡Quítate de delante de mí, Satanás!; me eres tropiezo, porque no pones la mira en las cosas de Dios, sino en las de los hombres.

Consulte también Marcos 8:31-33 y Lucas 18:31-34. Si Pedro y los otros discípulos hubieran sabido acerca de la misión moribunda y salvadora del Mesías, habrían agradecido a Jesús en lugar de haberlo reprendido por lo que les dijo.

Consulte el pasaje de Isaías 52:13 a Isaías 53:12 nuevamente. Ciertamente, si uno no lee con cuidado, suena como una descripción de un hombre que muere por los pecados de otros. Esto es similar a la historia de Pinocho, como discutimos en la Introducción a la Parte II, en Tipologías. ¿Cómo explican los judíos que la vida y la muerte de Jesús se reflejan en estos versículos?

En primer lugar, no debería sorprenderle que la vida y la muerte de Jesús parezcan reflejarse en los versículos de Isaías 53. Las Escrituras hebreas llegaron antes que Jesús. Los autores del Nuevo Testamento de los cristianos podrían usar imágenes que encontraron en las Escrituras hebreas y crear una historia sobre Jesús que se ajuste a esas imágenes, como ya hemos discutido en la Introducción, en la sección sobre los inventos.

Muchos de los pasajes en el Nuevo Testamento de los cristianos contradicen la imagen descrita en Isaías 53. Probablemente, esto se deba a que, por mucho que los autores se esforzaran en crear historias sobre Jesús que encajaran con las imágenes encontradas en las Escrituras hebreas, las historias reales sobre el hombre Jesús también fueron registradas por ellos. Estos son los relatos que niegan cualquier mesianismo de Jesús, además de contradecir la imagen del siervo sufriente de Isaías 53. Revisemos más de cerca lo que dice Isaías 53, y luego comparémoslo con otros pasajes del Nuevo Testamento cristiano.

Dos versículos del pasaje de Isaías describen al siervo del Señor como demasiado feo para tener apariencia humana, o demasiado sencillo para que nos fijemos en él:

Isaías 52:14 *Como se asombraron de ti muchos, de tal manera fue desfigurado de los hombres su parecer, y su hermosura más que la de los hijos de los hombres,*

Isaías 53:2 *Subirá cual renuevo delante de él, y como raíz de tierra seca; no hay parecer en él, ni hermosura; le veremos, mas sin atractivo para que le deseemos.*

Pero cada cuadro pintado de Jesús muestra a un hombre que era guapo, alto y generalmente musculoso, como lo sería cualquier carpintero. Estos textos de Isaías no se refieren al Siervo en un solo momento y lugar, como después de una flagelación o crucifixión, sino que se refieren a la forma en que el Siervo se ve, en general, al mundo no judío.

También hay evidencia en el Nuevo Testamento cristiano que indica que Jesús era un hombre guapo, cuya compañía era deseada por otros, y cuya estatura o apariencia no coincide con la descripción de Isaías:

> Luca 2:52 *Y Jesús crecía en sabiduría y en estatura, y en gracia para con Dios y los hombres.*

Un versículo en el pasaje de Isaías describe al Siervo como un hombre solitario, sin que nadie a quien llamar amigo:

> Isaías 53:3 *Despreciado y desechado entre los hombres, varón de dolores, experimentado en quebranto; y como que escondimos de él el rostro, fue menospreciado, y no lo estimamos.*

El versículo anterior no describe a un hombre que, en un momento de su vida, tiene algunos que lo rechazaron, sino más bien uno que ha conocido el rechazo a lo largo de su vida como lo han sabido los judíos a lo largo de nuestros 4000 años de existencia. Sin embargo, en muchos lugares dentro del Nuevo Testamento cristiano, como la cita anterior de Lucas 2:52, se describe que Jesús tiene muchos seguidores, desde el comienzo de su ministerio hasta la escena de la crucifixión:

> Mateo 21:46 *Pero al buscar cómo echarle mano, temían al pueblo, porque este le tenía por profeta.*

Lucas 23:26-27 *Y llevándole, tomaron a cierto Simón de Cirene, que venía del campo, y le pusieron encima la cruz para que la llevase tras Jesús. 27 Y le seguía gran multitud del pueblo, y de mujeres que lloraban y hacían lamentación por él.*

Esto también se puede ver en los siguientes versículos:

Marco 14:1-2 *Dos días después era la pascua, y la fiesta de los panes sin levadura; y buscaban los principales sacerdotes y los escribas cómo prenderle por engaño y matarle. 2 Y decían: No durante la fiesta para que no se haga alboroto del pueblo.*

Mateo 4:24-25 *Y se difundió su fama por toda Siria; y le trajeron todos los que tenían dolencias, los afligidos por diversas enfermedades y tormentos, los endemoniados, lunáticos y paralíticos; y los sanó. 25 Y le siguió mucha gente de Galilea, de Decápolis, de Jerusalén, de Judea y del otro lado del Jordán.*

Mateo 21:9 *Y la gente que iba delante y la que iba detrás aclamaba, diciendo: ¡Hosanna al Hijo de David! ¡Bendito el que viene en el nombre del Señor! ¡Hosanna en las alturas!*

Mateo 21:11 *Y la gente decía: Este es Jesús el profeta, de Nazaret de Galilea.*

Lucas 4:14-15 *Y Jesús volvió en el poder del Espíritu a Galilea, y se difundió su fama por toda la tierra de alrededor. 15 Y enseñaba en las sinagogas de ellos, y era glorificado por todos.*

Lucas 7:11-12 *Aconteció después, que él iba a la ciudad que se llama Naín, e iban con él muchos de sus discípulos, y una gran multitud. 12 Cuando llegó cerca de la puerta de la ciudad, he aquí que llevaban a enterrar a un difunto, hijo único de su madre, la cual era viuda; y había con ella mucha gente de la ciudad.*

Lucas 7:16-17 *Y todos tuvieron miedo, y glorificaban a Dios, diciendo: Un gran profeta se ha levantado entre nosotros; y: Dios ha visitado a su pueblo. 17 Y se extendió la fama de él por toda Judea, y por toda la región de alrededor.*

Lucas 8:4 *Juntándose una gran multitud, y los que de cada ciudad venían a él, les dijo por parábola:*

Lucas 8:19 *Entonces su madre y sus hermanos vinieron a él; pero no podían llegar hasta él por causa de la multitud.*

Lucas 8:45 *Entonces Jesús dijo: ¿Quién es el que me ha tocado? Y negando todos, dijo Pedro y los que con él estaban: Maestro, la multitud te aprieta y oprime, y dices: ¿Quién es el que me ha tocado?*

Juan 12:11 *porque a causa de él muchos de los judíos se apartaban y creían en Jesús.*

Juan 12:42 *Con todo eso, aun de los gobernantes, muchos creyeron en él; pero a causa de los fariseos no lo confesaban, para no ser expulsados de la sinagoga.*

Entonces vemos que a diferencia del siervo descrito en Isaías 53:3, Jesús no fue despreciado ni rechazado por todos los hombres, y, en cambio, mantuvo un gran seguimiento incluso hasta que fue crucificado.

Dos citas del pasaje de Isaías describen a alguien que permanece en silencio cuando es acusado por sus captores, uno que es inocente de cualquier fechoría:

Isaías 53:7 *Angustiado él, y afligido, no abrió su boca; como cordero fue llevado al matadero; y como oveja delante de sus trasquiladores, enmudeció, y no abrió su boca.*

Isaías 53:9 *Y se dispuso con los impíos su sepultura, mas con los ricos fue en su muerte; aunque nunca hizo maldad, ni hubo engaño en su boca.*

Pero hay una cita en el Nuevo Testamento del cristiano que dice que Jesús reprendió a sus captores y que, de hecho, "abrió la boca".

Juan 18:22-23 *Cuando Jesús hubo dicho esto, uno de los alguaciles, que estaba allí, le dio una bofetada, diciendo: ¿Así respondes al sumo sacerdote? 23 Jesús le respondió: Si he hablado mal, testifica en qué está el mal; y si bien, ¿por qué me golpeas?*

En la cita anterior, Jesús reprende a sus captores por lo que él considera maltrato. Como hemos discutido en otra parte, Jesús exigió una explicación de por qué había sido golpeado. Al "abrir la boca" para reprender a sus captores, contradice su propia idea de "vuélvele también la otra", que se encuentra en Mateo 5:39. Esto hace que Jesús sea un hipócrita, y la hipocresía es una forma de engaño porque engaña a las personas para que hagan lo que el engañador mismo no hace.

Uno de los versos en el pasaje de Isaías describe a un hombre inocente de paz:

Isaías 53:9 *aunque nunca hizo maldad, ni hubo engaño en su boca.*

Pero la mayoría de las personas están familiarizadas con al menos uno de los muchos actos de violencia que hizo Jesús, que fue la "limpieza" del templo:

> Mateo 21:12 *Y entró Jesús en el templo de Dios, y echó fuera a todos los que vendían y compraban en el templo, y volcó las mesas de los cambistas, y las sillas de los que vendían palomas;*

Además, en la versión de este acto de violencia que se encuentra en Juan 2:15, declara que Jesús se hizo un azote, con el cual golpear a las personas en el templo:

> Juan 2:15 *Y haciendo un azote de cuerdas, echó fuera del templo a todos, y las ovejas y los bueyes; y esparció las monedas de los cambistas, y volcó las mesas;*

Aunque un cristiano podría decir que la violencia cometida por Jesús en el templo podría haberse justificado, el versículo en Isaías describe a alguien que "nunca hizo maldad" para que merezca la persecución que recibió. Roma vio a Jesús como un insurreccionista, y por eso lo crucificaron. El Nuevo Testamento afirma que la acusación que Roma puso sobre su cabeza decía: "Este es Jesús, el rey de los judíos", como vemos en Mateo 27:37 y en Marcos 15:26. Su crimen, según la acusación por la que fue crucificado, fue tratar de ser el rey de los judíos en lugar del emperador de Roma. La violencia que perpetró dirigió la atención hacia él, y por esa violencia se le consideró un insurreccionista, por lo que fue crucificado. Más arriba se afirmó que los judíos eran el siervo de Isaías 53. Algunos pueden argumentar que los judíos ciertamente ejercieron violencia durante milenios, y eso es cierto, pero los judíos no ejercieron violencia para merecer sus persecuciones. ¿Qué violencia ejercieron los judíos de Europa para merecer el Holocausto?

Además, aquellos que "compraron y vendieron en el templo" estaban allí por orden de Dios. En Deuteronomio 14:24-26, Dios les dijo a los judíos que vendieran el animal que querían sacrificar por dinero, llevaran el dinero a Jerusalén y luego, después de cambiar el dinero a la moneda local, compraran el mismo animal y lo sacrificaran. Por lo tanto, se suponía que los cambiadores y vendedores de animales sacrificados debían estar allí, según lo ordenado por Dios:

> Deuteronomio 14:24-26 *Y si el camino fuere tan largo que no puedas llevarlo, por estar lejos de ti el lugar que el Eterno tu Dios hubiere escogido para poner en él su nombre, cuando el Eterno tu Dios te bendijere, 25 entonces lo venderás y guardarás el dinero en tu mano, y vendrás al lugar que el Eterno tu Dios escogiere; 26 y darás el dinero por todo lo que deseas, por vacas, por ovejas, por vino, por sidra, o por cualquier cosa que tú deseares; y comerás allí delante del Eterno tu Dios, y te alegrarás tú y tu familia.*

Hay otros lugares en el Nuevo Testamento que describen la violencia de Jesús. Aquí hay otros ejemplos.

En Marcos, Jesús condena a muerte a un inocente árbol frutal porque no tenía higos para que Jesús comiera, a pesar de que ni siquiera era la temporada de la fruta:

> Marco 11:12-14, 20-21 *Al día siguiente, cuando salieron de Betania, tuvo hambre. 13 Y viendo de lejos una higuera que tenía hojas, fue a ver si tal vez hallaba en ella algo; pero cuando llegó a ella, nada halló sino hojas, pues no era tiempo de higos. 14 Entonces Jesús dijo a la higuera: Nunca jamás coma nadie fruto de ti. Y lo oyeron sus discípulos.*
>
> *20 Y pasando por la mañana, vieron que la higuera se había secado desde las raíces. 21 Entonces Pedro, acordándose, le dijo: Maestro, mira, la higuera que maldijiste se ha secado.*

Jesús también declaró que su propósito al venir a la tierra no era por el bien de la paz, como hemos mencionado repetidamente:

> Mateo 10:34-36 *No penséis que he venido para traer paz a la tierra; no he venido para traer paz, sino espada. 35 Porque he venido para poner en disensión al hombre contra su padre, a la hija contra su madre, y a la nuera contra su suegra; 36 y los enemigos del hombre serán los de su casa.*

Jesús declara a continuación que aquellos que no lo aceptarán deben ser asesinados. En casi todas las interpretaciones cristianas de la parábola en la que se encuentra el siguiente versículo, se entiende que Jesús fue el gobernante que habla:

> Lucas 19:27 *Y también a aquellos mis enemigos que no querían que yo reinase sobre ellos, traedlos acá, y decapitadlos delante de mí.*

Quizás el versículo anterior de Lucas 19 ha sido la justificación cristiana para el asesinato de tantos judíos a lo largo de los siglos, simplemente porque todavía rechazamos a Jesús.

Y en Lucas 22:36, Jesús les dice a sus discípulos que vayan a comprar espadas.

Entonces vemos que aquí nuevamente, Jesús, era un hombre violento, no podría haber sido el siervo amante de la paz, que "no cometió violencia", como se describe en Isaías 53.

Finalmente, hay un versículo en el pasaje de Isaías que describe al siervo como viviendo una larga vida y con hijos:

> Isaías 53:10 *...verá linaje, vivirá por largos días...*

Pero obviamente, Jesús nunca estuvo casado y no tuvo hijos. Además, murió a sus treinta años, a una edad temprana. Los cristianos pueden responder diciendo que Isaías se refería a los discípulos de Jesús con la palabra "descendencia", o que los cristianos mismos son como sus hijos, pero la palabra en hebreo es *zerah*, y solo puede hacer referencia a los descendientes de la línea de sangre de uno, sus hijos. Esto puede verse claramente en el siguiente pasaje de Génesis 15:2-4. Abram teme que no tenga herederos biológicos, el único que lo hereda es su criado, Eliezer, a quien Abram llama su *ben*, su hijo. Sin embargo, Dios le dice que no será su *ben*, su hijo, quien le herede, sino su descendencia, su *zerah*.

> Génesis 15:2-4 *Y respondió Abram: Eterno, ¿qué me darás, siendo así que ando sin hijo, y el mayordomo de mi casa es ese damasceno Eliezer? 3 Dijo también Abram: Mira que no me has dado prole, y he aquí que será mi heredero un esclavo nacido en mi casa. 4 Luego vino a él palabra del Eterno, diciendo: No te heredará este, sino un hijo tuyo será el que te heredará.*

Entonces, nuevamente vemos que Jesús no cumplió la descripción del siervo en Isaías 53 porque no tenía simiente, lo que significa que no tenía hijos ni descendencia.

Para facilitar la argumentación, supongamos que Isaías estaba haciendo una profecía de su futuro, en lugar de interpretar su pasado como lo indican los tiempos pasados de su discurso. En ese caso, Isaías 53 podría aplicarse no solo al pueblo de Israel en los días de Isaías, sino también a lo largo de la historia. Intente releer el pasaje de Isaías, pero piense en las víctimas judías del Holocausto, o los pogromos, o la Inquisición, o las Cruzadas, u otras persecuciones cristianas de judíos, mientras lo lee. Pregúntese: ¿qué violencia ejercieron estos judíos para merecer el destino que les dieron los cristianos? La respuesta, por supuesto, es ninguna.

Jesús no cumplió esta "profecía" de Isaías 53, ni cumplió ninguna de las profecías reales e importantes sobre el verdadero Mesías.

Capítulo 15

CONCLUSIONES Y PREGUNTAS

Hay un número creciente de personas que ignoran las diferencias entre el judaísmo y el cristianismo o sencillamente desconocen la diferencia. Estas personas cometen este error por varias razones.

Muchas personas escuchan y usan el término "tradición judeocristiana". Sin entender el término, suponen que lo único que separa al judaísmo del cristianismo es que una fe cree que Jesús fue el Mesías, mientras que la otra no. No entienden que los cristianos usan la "tradición judeocristiana" para referirse al judaísmo que precedió al cristianismo, que no incluye el judaísmo rabínico que ha definido el judaísmo durante más de 2000 años, y que informa y da forma a todas las ramas del judaísmo en la actualidad. Usan el término para indicar el origen de las creencias cristianas y que culminó en el cristianismo, o lo usan para referirse a aquellos tiempos en los que existe, de hecho, una superposición entre los valores y la ética judía y los valores y la ética cristiana.

Otra característica que lleva a muchos a ignorar las diferencias entre el judaísmo y el cristianismo es que la denominación, este último que se autodenomina "judaísmo" mesiánico, ha influido no solo en las denominaciones conservadoras y evangélicas cristianas, sino también en más y más denominaciones liberales. Cada vez hay más iglesias de todas las denominaciones que celebran un *Séder* de *Pésaj* y celebran otras fiestas judías como *Sucot*, también conocida como la Fiesta de los Tabernáculos. Algunas bodas cristianas incluyen una *Ketubá* cristianizada, el contrato de matrimonio judío, mientras que algunos niños cristianos celebran *bar* y *bat mitzvá* cristianizados. Cada vez que el cristianismo toma un ritual o una festividad del judaísmo, ya sea que le den un giro cristiano o no, están llevando a sus miembros y a sus denominaciones a creer que el judaísmo y el cristianismo no son tan diferentes después de todo, y siguen confundiendo aún más las líneas entre las dos religiones.

El "judaísmo" mesiánico también ha hecho mucho para desdibujar las diferencias entre el judaísmo y el cristianismo. La técnica más fundamental de sus esfuerzos misioneros, ampliamente apoyados por el cristianismo evangélico, consiste en hacer creer a los judíos en la falsa idea de que uno puede ser judío y cristiano al mismo tiempo, y que no están abandonando el judaísmo cuando aceptan la teología y las interpretaciones cristiana de las Escrituras hebreas. Esto no podría funcionar sin antes disolver las diferencias entre las dos religiones y hacer creer que todo lo cristiano se encuentra arraigado en el judaísmo y los rituales judíos.

Debido a que los mejores amigos del Estado de Israel son estos mismos cristianos evangélicos que apoyan los esfuerzos misioneros hacia los judíos, los miembros de la comunidad judía tienen un conflicto de intereses cuando enfatizan las diferencias entre las dos religiones. Y para evitar el riesgo de perder el apoyo de estos cristianos al Estado de Israel, los judíos suavizan las declaraciones que contradicen la teología cristiana. Los rabinos ahora están llamando a Jesús un rabino, cuando ningún *beit din* (corte) de rabinos le dio dicha *semijá* (ordenación). Los judíos enfatizarán el parecido mencionado anteriormente entre el judaísmo y el cristianismo con respecto a los valores y la ética, en vez de las grandes diferencias que existen teológicamente, así como aquellas diferencias que se refieren a la interpretación bíblica.

Los judíos han crecido creyendo que el judaísmo es tan bueno como el cristianismo, que es tan razonable, tan beneficioso, tan correcto y cierto como el cristianismo. Al creer que el judaísmo es tan bueno como el cristianismo y no mejor que él, más en consonancia con los valores bíblicos, y más beneficioso para sus miembros que el cristianismo, entonces no hay razón para distinguir entre las creencias de las dos religiones o abstenerse de seguir un poco de ambas. Esto ha funcionado para justificar la asimilación judía, ya que, si las dos religiones son iguales, si una es tan buena y verdadera como la otra, ¿por qué no ser más parecido a la mayoría ¿Por qué mantener las diferencias y más aún enfatizarlas cuando uno puede unirse a la mayoría, actuar y creer como la mayoría, si la fe de la minoría no es más verdadera, más correcta, más acorde con los valores y creencias bíblicas que la fe de la mayoría?

Si bien la ignorancia de las diferencias entre el judaísmo y el cristianismo ha llevado a algunos judíos a asimilarse o simplemente a volverse seculares, también ha engañado a los cristianos a creer que la única razón por la que los judíos no se han convertido al cristianismo es porque la historia del antisemitismo cristiano lo impide. Piensan que los judíos se niegan a convertirse al cristianismo debido a las limitaciones que la Iglesia primitiva puso sobre los judíos, su supresión del judaísmo a través de las Cruzadas, la Inquisición (que tenía más que ver con mantener a los ex-judíos en línea con las creencias católicas que con la conversión de los judíos), a los pogromos, el Holocausto y a otras persecuciones cristianas de judíos. Estos cristianos no entienden que el verdadero obstáculo para la conversión judía es el fuerte contraste entre las creencias y los supuestos cristianos y judíos. Y aquí también, las diferencias entre el judaísmo y el cristianismo deben ser ignoradas o suprimidas para tener éxito en el proselitismo judío.

No se pueden tener ambas cosas. El judaísmo y el cristianismo no están de acuerdo en las creencias y teologías más fundamentales de las dos religiones, ambas creen en cosas totalmente opuestas, y mutuamente excluyentes, por lo tanto, ambas no pueden tener razón. O bien, Dios es único e indivisible, o Dios es una trinidad donde una "persona" en la Divinidad está separada y no es igual a las otras dos, pero las tres son de alguna manera iguales. O bien Dios es

Dios y el hombre es hombre y Dios no se convierte en hombre y un hombre no se convierte en Dios, o Dios tomó forma humana en la persona de Jesús. O bien somos responsables de nuestras elecciones entre el bien y el mal, o las acciones de un diablo tienen la culpa. O bien nacemos en pecado y somos culpables de los pecados cometidos por antepasados y morimos como resultado, o nacemos neutrales y nuestras elecciones entre el bien y el mal nos hacen lo que somos. O bien la ley judía era el regalo de amor de Dios a los judíos para que fueran mejores y para hacer del mundo un lugar mejor, o Dios dio la ley para enseñarnos que no podemos ser más que pecadores. O bien una persona puede morir por los pecados de otra y, por lo tanto, quitar de la otra su culpa de sus pecados, o una persona no puede morir por los pecados de otra. O bien hay perdón y expiación solo cuando hay un sacrificio de sangre por los pecados, o Dios nos ha dado muchas formas de obtener el perdón y la expiación. O bien Dios quiere y acepta un sacrificio humano, o Dios no quiere ni acepta un sacrificio humano. O bien Jesús era el Mesías, o no lo era. O bien los judíos definen quién es judío, o los ex-judíos que ahora son cristianos y los cristianos que quieren ser judíos definen quién es judío. O bien las raíces judías del cristianismo se encuentran en los rituales, festividades y días santos del judaísmo, o los cristianos simplemente están "descubriendo" lo que ellos mismos han plantado. O bien la comprensión judía de los versículos en las Escrituras hebreas y las creencias que estas reflejan son claras y consistentes con otros versículos, o Dios ha cambiado de opinión y la interpretación del cristianismo de esos mismos versículos refleja ese cambio.

A partir de los versículos bíblicos contrastados con los versículos del Nuevo Testamento de los cristianos en este libro, solo podemos concluir que las teologías del judaísmo y el cristianismo se componen en diferentes creencias e interpretaciones bíblicas que son mutuamente excluyentes, y que las creencias e interpretaciones del cristianismo no están de acuerdo, sino que son contrarias, con el significado claro, sencillo y coherente de las Escrituras hebreas.

He presentado al lector los versículos bíblicos que indican lo que los judíos creen y por qué, y los he comparado con los versos del Nuevo Testamento de los cristianos que muestran lo que los cristianos creen. He explicado que, si se cree en la Biblia y se acepta como autoridad, entonces las creencias del cristianismo son contrarias a lo que la Biblia declara de manera clara, simple y consistente. Los cristianos pueden sacar versículos de la Biblia fuera de contexto, pueden traducirlos mal, y pueden darles un giro cristiano. Pero si el entendimiento cristiano, sin importar cómo lleguen a su entendimiento, es contrario a la Biblia, entonces sus creencias son simplemente antibíblicas y deben ser rechazadas por todos aquellos que creen en la autoridad de la Biblia.

Si la comunidad cristiana desea aferrarse a sus creencias, esa es su elección. Pero para hacerlo, deben resolver por sí mismos las preguntas que los judíos han hecho y respondido durante milenios.

La primera y la más importante de estas preguntas es, ¿cuándo cambió Dios de parecer? Si la Biblia es clara y consistente, pero el cristianismo tiene creencias que entran en conflicto con la Biblia, entonces Dios debe haber cambiado de opinión. ¿Cuándo ocurrió esto?

Si Dios cambió de opinión, ¿por qué Dios no reunió a todos los judíos, como lo hizo en el monte Sinaí, y les entregó esta nueva revelación divina?

¿Por qué alguien creería a Jesús y las historias sobre él, si las creencias sobre Jesús y la teología del cristianismo contradicen lo que ya sabemos de la revelación recibida por todo el pueblo judío en el monte Sinaí?

¿Por qué Dios, como afirman los musulmanes y los budistas, y como dicen muchas otras religiones sobre sus fundadores individuales, por qué Dios dio su revelación a una sola persona, que luego buscó a aquellos que aceptarían su historia, y que a continuación salieron a hacer proselitismo por el resto del mundo?

Los judíos respondieron estas preguntas hace mucho tiempo, en su rechazo de la teología cristiana antibíblica, y como lo prueba este libro. Dios nos prometió que nunca rompería su pacto con nosotros, que es un pacto eterno, ya que Dios es el Dios eterno y que los judíos observarán eternamente el sábado como el signo eterno de ese pacto eterno (Éxodo 31:12-17).

Para todas las preguntas que los misioneros cristianos han hecho a los judíos, ha habido y siempre habrá una respuesta judía, una respuesta bíblica válida, razonable y racional. Por cada versículo bíblico que los misioneros cristianos usan para persuadir a los judíos a abandonar su fe ancestral, hay una interpretación judía válida, razonable y racional que se mantiene fiel a los valores y creencias que son claros y consistentes en toda la Biblia.

Los cristianos nunca aceptarán la respuesta judía a estas preguntas o la interpretación judía de nuestras Escrituras hebreas. No pueden, porque hacerlo requeriría que abandonen su fe. Sin embargo, no tienen que hacerlo, porque el judaísmo nunca creyó que solo los judíos van al cielo, o que Dios es tan mezquino que se niega a responder una oración sincera rezada a alguien que no es Dios.

A partir de todo lo que he mostrado en este libro y a pesar de todas las fuerzas que existen en nuestra sociedad actual para hacer creer que todas las religiones son iguales o que básicamente todos creemos lo mismo, existen diferencias entre el judaísmo y el cristianismo. Y estas diferencias siempre serán irreconciliables.

RECURSOS

Introducción al judaísmo

Libros

Bienvenido al Judaísmo
https://www.lovejews.com/product-page/copy-of-welcome-to-judaism-spanish

Libros publicados por ArtScroll
https://www.artscroll.com/Categories/BKS.html?facet=%7c LANGUAGE%3aSpanish

Sitios web

Chabad en español
https://es.chabad.org/

My Jewish Learning en español
https://www.myjewishlearning.com/category/live/espanol/

Videos

Koltuvsefarad (Rabino Juan Mejía)
https://www.youtube.com/channel/UCCnPHZFK46W0VLWn TOGL5Ng

Religión comparativa

Sitios y páginas web

Creencia Judía (Rabino Stuart Federow)
https://creenciajudia.org/

¿Qué es lo que creen los judíos acerca de Jesús?
https://www.myjewishlearning.com/article/que-es-lo-que-creen-los-judios-acerca-de-jesus/

Videos

Los Caminos de Israel (Rabino Moshe Otero)
https://www.youtube.com/user/MrCaminosdeisrael

La Vía Hebrea (charlas subtituladas en español)
https://www.youtube.com/channel/UCe81MReEJiw1_QHuQ-T1dNw

PDFs

7 respuestas a los Judíos para Jesus
https://jewsforjudaism.ca/7-respuestas-a-los-judios-para-jesus/

La Respuesta Judía a los Misioneros
https://jewsforjudaism.ca/la-respuesta-judia-a-los-misioneros/

El Verdadero Mesías
https://jewsforjudaism.ca/el-verdadero-mesias/

Libros

Judaísmo y cristianismo: Un contraste
- En Amazon (tapa blanda, tapa dura y Kindle)
- En Dymocks (libro electrónico)
- También disponible como libro electrónico en Google Play

Las Escrituras hebreas en español

Tanaj en español via Librería Judaica (Argentina)
https://www.libreriajudaica.com/

Jumash ArtScroll via Breslov Colombia
https://www.judaicabreslovcolombia.com/producto/jumash-art
scroll/

La Biblia Hebrea Completa
https://www.amazon.com/Biblia-Hebrea-Completa-Tanaj-Edicion/
dp/B07HJ9KNBY

La Biblia Hebrea Completa con comentarios
En Amazon

BIBLIOGRAFÍA DE LIBROS EN INGLÉS

1. THE JEWISH RESPONSE TO MISSIONARY
CHRISTIANITY: WHY JEWS DON'T BELIEVE IN JESUS
By Gerald Sigal
ISBN-13 978-1508807773
ISBN-10 1508807779

2. FAITH STRENGTHENED:
1,200 BIBLICAL REFUTATIONS TO
CHRISTIAN MISSIONARIES
by Isaac Ben Avraham of Troki
KTAV Publishing House, Inc.
ISBN 87068-132-x
Library of Congress Card Catalog Number 74-126345
http://FaithStrengthened.org

3. THE REAL MESSIAH?
A JEWISH RESPONSE TO MISSIONARIES
by Rabbi Aryeh Kaplan
The Union of Orthodox Jewish Congregations of America, &
The National Conference of Synagogue Youth
ISBN 1-87901-611-7

4. JUDAISM AND CHRISTIANITY: THE DIFFERENCES
by Trude Weiss-Rosmarin
Jonathan David Publ., Inc.
ISBN-10: 0-82460-398-2
ISBN-13: 978-0824603984

5. THE MYTH OF THE JUDEO-CHRISTIAN TRADITION
by Arthur A. Cohen
Schocken Books
ISBN-10: 0-80520-293-5
ISBN-13: 978-0805202939

6. JEWS AND CHRISTIANS: THE MYTH OF A COMMON
TRADITION
by Jacob Neusner
Trinity Press International, Wipf And Stock Publishers
ISBN-10: 1-59244-156-4
ISBN-13: 978-1592441563

7. WHEN PROPHECY FAILS
by Leon Festinger, Et Al
Martino Fine Books (March 16, 2011)
ISBN-10: 1-89139-698-6
ISBN-13: 978-1891396984

8. MODERN JEWS ENGAGE THE NEW TESTAMENT:
ENHANCING JEWISH WELL-BEING IN A CHRISTIAN
ENVIRONMENT
By Michael J. Cook
Jewish Lights Publishing
ISBN-10: 1-58023-313-2
ISBN-13: 978-1580233132

9. THE MYTHMAKER: PAUL AND THE INVENTION OF
CHRISTIANITY
by Hyam Maccoby
Harper/Collins Publ.
ISBN-10: 0-76070-787-1
ISBN-13: 978-0760707876

10. GOSPEL FICTIONS
by Randel Helms
Prometheus Books
ISBN-10: 0-87975-572-5
ISBN-13: 978-0879755720

11. AVROHOM BEN AVROHOM
by Selig Schachnowitz,
Feldheim Publishers
Phone: (800) 237-7149.

12. BEWARE OF SOUL SNATCHERS: HOW JEWS CAN
SAVE THEMSELVES FROM MISSIONARY ASSAULT
by Aaron Schwartzbaum and Suzanna Spiro.
Ordering Information:
http://www.shemayisrael.co.il/orgs/toralife/Book1.html

13. ESCAPE FROM JESUS: ONE MAN'S SEARCH FOR A
MEANINGFUL JUDAISM
by Shlomoh Sherman.
1983, Republished 1986,
Decalogue Books
ISBN: 0-915474-03-4

14. HAWKING GOD: A YOUNG JEWISH WOMAN'S OR
DEAL IN JEWS FOR JESUS
by Ellen Kamentsky.

1992, Saphire Press,
http://www.sapphire.com/hawking
ISBN: 1-882459-00-8

15. JEWS FOR NOTHING
by Dov Aharoni Fisch. 1984,
Feldheim Publishers
ISBN: 0-87306-347-3.

16. JUDAISM ONLINE: CONFRONTING SPIRITUALITY
ON THE INTERNET
by Shoshana Zakar and Dovid Kaufman.
http://www.jewsforjudaism.org

17. JUDAISM'S TRUTH ANSWERS THE MISSIONARIES
by Beth Moshe. 1997
Bloch Publishing Company
New York, NY
ISBN: 0-81970-515-2

18. ORDAINED TO BE A JEW:
A Catholic Priest's Conversion To Judaism
by John David Scalamonti
KTAV Publishing House
ISBN-10: 0-88125-412-6
ISBN-13: 978-0881254129

19. TO PLAY WITH FIRE:
One Woman's Remarkable Odyssey
by Tova Mordechai, Ex-Pentacostal Minister
Urim Publications
ISBN-10: 9-65710-835-7
ISBN-13: 978-9657108352

20. SO STRANGE MY PATH: A SPIRITUAL PILGRIMAGE
by Abraham Carmel, Ex-Roman Catholic Priest
Bloch Publishing
Library of Congress Card Number: 64:17487
ISBN-10: 0819700401
ISBN-13: 978-0819700407

21. THEIR HOLLOW INHERITANCE: A COMPREHENSIVE
REFUTATION OF MISSIONARIES
By Michoal Drazin
Feldheim Publishing
ISBN-10: 9-65229-070-X
ISBN-13: 978-9652290700

22. WE ARE NOT GOING TO BURN IN HELL
by S.J.Greenstein
Biblically Speaking Publishing Co.,
ASIN: B000ZP16M6

23. PAGAN CHRISTS
By J.M. Robertson
Barnes and Noble Books, NY 1993
ISBN 0-88029-141-9

24. THE ORIGINS OF PAGAN AND CHRISTIAN BELIEFS
by Edward Carpenter
Senate, of Random House UK Ltd.,
Random House, 20 Vauxhall Bridge
Road, London SW1V 2SA
ISBN 1-85958-196-X

25. THE WORLD'S SIXTEEN CRUCIFIED SAVIORS:
CHRISTIANITY BEFORE CHRIST
by Kersey Graves

Research Associates
Frontline Distribution Intnat'l., Inc.
5937 West Madison Ave.
Chicago, IL 60644
ISBN 0-948390-15-8
LCCN 95-70816

26. THE JESUS MYSTERIES:
WAS THE "ORIGINAL JESUS" A PAGAN GOD?
by Timothy Freke and Peter Gandy
Harmony Books
New York, NY
ISBN 0-609-60581-X

27. ISAIAH 53: WHO IS THE SERVANT?
by Gerald Sigal
Xlibris Corporation
ISBN-10: 1-42574-456-7
ISBN-13: 978-1425744564

28. TRINITY DOCTRINE ERROR: A JEWISH ANALYSIS
by Gerald Sigal
Xlibris Corporation
ISBN-10: 1-42570-610-X
ISBN-13: 978-1425706104

29. THE BLOOD ATONEMENT DECEPTION:
HOW CHRISTIANITY DISTORTED
BIBLICAL ATONEMENT
by Gerald Sigal
Xlibris Corporation
ISBN-10: 1-45359-623-2
ISBN-13: 978-1453596234

30. ANTI-JUDAISM IN THE NEW TESTAMENT
By Gerald Sigal
Xlibris Corporation
ISBN-10: 1-41343-306-5
ISBN-13: 978-1413433067

31. TWENTY-SIX REASONS WHY JEWS DON'T BELIEVE IN JESUS
by Asher Norman
Black White and Read Publishing
ISBN-10: 0-97719-372-1
ISBN-13: 978-0977193721

32. LET'S GET BIBLICAL! WHY DOESN'T JUDAISM ACCEPT THE CHRISTIAN MESSIAH?
By Tovia Singer
RNBN Publishers
ISBN-10: 0-61534-839-4
ISBN-13: 978-0615348391

COMPLETE 24-PART CD SERIES, FOR LET'S GET BIBLICAL!
ASIN: B00375RZO4

33. COMING FULL CIRCLE:
A JEWISH WOMAN'S JOURNEY THROUGH CHRISTIANITY AND BACK
by Penina Taylor
Hatikva Books
ISBN-10: 9-65546-005-3
ISBN-13: 978-9655460056

34. A RABBI TALKS WITH JESUS
by Jacob Neusner

McGill-Queen's University Press
ISBN-10: 0-77352-046-5
ISBN-13: 978-0773520462

35. THE JEWISH-CHRISTIAN DEBATE IN THE HIGH MIDDLE AGES:
A CRITICAL EDITION OF THE NIZZAHON VETUS
by David Berger
ACLS Humanities
ISBN-10: 1-59740-545-0
ISBN-13: 978-1597405454

36. JUDAISM ON TRIAL:
JEWISH-CHRISTIAN DISPUTATIONS IN THE MIDDLE AGES
by Hyam Maccoby
Littman Library
ISBN-10: 1-87477-416-1
ISBN-13: 978-1874774167

37. JUDAS ISCARIOT AND THE MYTH OF JEWISH EVIL
by Hyam Maccoby
Free Press
ISBN-10: 0-02919-555-1
ISBN-13: 978-0029195550

38. WHERE JUDAISM DIFFERED:
AN INQUIRY INTO THE DISTINCTIVENESS
OF JUDAISM
by Abba Hillel Silver
Jason Aronson
ISBN-10: 0-87668-957-8
ISBN-13: 978-0876689578

39. JEWISH PHILOSOPHICAL POLEMICS AGAINST
CHRISTIANITY IN THE MIDDLE AGES
by Daniel J. Lasker
Littman Library of Jewish Civilization
ISBN-10: 1-90411-351-5
ISBN-13: 978-1904113515

40. THE NINE QUESTIONS PEOPLE ASK ABOUT JUDAISM:
THE INTELLIGENT SKEPTIC'S GUIDE
by Dennis Prager and Rabbi Joseph Telushkin
Touchstone
ISBN-10: 0-67162-261-7
ISBN-13: 978-0671622619

41. JEWISH LITERACY: THE MOST IMPORTANT THINGS
TO KNOW ABOUT THE JEWISH RELIGION, ITS PEOPLE,
AND ITS HISTORY
by Rabbi Joseph Telushkin
William Morrow
ISBN-10: 0-06137-498-9
ISBN-13: 978-0061374982

42. TO LIFE: A CELEBRATION OF JEWISH BEING AND
THINKING
By Rabbi Harold Kushner
Warner Books
ISBN-10: 0-44667-002-2
ISBN-13: 978-0446670029

Printed in the United States
by Baker & Taylor Publisher Services